NON SEI NATO PER MORIRE

Una via verso l'Ascensione

Frank Metzger

Copyright: 2019 Frank Metzger

ISBN: 978-0-244-15147-8

Prima edizione 2019

Dipinto in copertina realizzato da: Sonia Crippa

NON SEI NATO PER MORIRE

Prefazione

Quanto scrivo non è ciò in cui credo, bensì ciò che so. Lo so perché è parte di me, di ciò che io sono. Se non dessi fiducia a ciò che so essere vero, sarebbe come se non credessi in me. Come so ciò che so? Lo so perché è ciò che io sono.

Sebbene io sappia ciò che vado ad esporre, esso non corrisponde a quanto io riesco a vivere nella mia quotidianità: anche se so, molte parti della mia personalità vivono fingendo di non sapere. Anche se so che tutto va bene, capita che io mi ritrovi a preoccuparmi per qualcosa; questo succede perché in quel momento do ascolto non a ciò che sono, bensì a qualche mio sé separato. Non giudicare quindi quanto andrai a leggere confrontandolo con la mia vita, bensì partendo dall'eco che suscita in te. Dà valore alle mie parole solo se risvegliano una verità che è già in te. Non ti chiedo di aver fiducia in me, ti sto chiedendo di aver fiducia in te.

Ti accorgerai che alcuni concetti vengono ripetuti più volte: non si tratta di una svista, ma della ripresentazione di concetti importanti per favorirne l'interiorizzazione.

Antefatto

Prima del dove e del quando, prima del perché e del come, non c'era nulla, solo un enorme nulla, un enorme vuoto pieno però di ogni potenzialità. Un bel giorno, ma i giorni non c'erano ancora, dall'infinita potenzialità proruppe una risata, alcuni la chiamano il Big Bang: Dio crea. Un unico moto, un unico atto creativo, e Dio si fa espressione generando il Figlio. Tutto ciò che esiste nasce ora, prima ancora della nascita del tempo e dello spazio, un unico scoppio di risa, un unico atto creativo, Dio Potenzialità genera Dio Espressione, il Padre genera il Figlio.

Quanto è stato generato è fatto ad immagine e somiglianza di Colui che lo ha generato. Ciò che è il Padre in potenza, lo è il Figlio in espressione. Un unico atto generativo, un unico Figlio, una unica Figliolanza. Un'unica esplosione di Luce, un'unica Luce, una anche se molteplice, un'unica Luce che si esprime in infiniti Punti di Luce.

Tu che leggi queste righe hai origine in quel momento, anche se parlare di momento è improprio, poiché il tempo non aveva ancora avuto inizio. Tu sei uno di quei Punti di Luce parte di quell'unica Figliolanza, ma sei anche l'unico Figlio che si esprime attraverso i molteplici Punti di Luce.

Prima della creazione del tempo e dello spazio Tu fosti generato: perfetto, onnipotente, libero, saggio ed infinito, ne maschio ne femmina, senza un corpo. Pura Luce fosti generato.

Ciò che Dio ha creato è per sempre, anche se parlare di sempre è improprio, poiché il tempo in Dio non esiste. Ciò che Dio crea è e non esiste nulla che possa modificare il suo esistere. Così Tu esisti in quanto Punto di Luce e non hai mai smesso di essere questo, anche se parlare di mai è improprio, visto che in Dio il tempo non esiste. Da prima dell'inizio del tempo Tu sei, perfetta espressione di Colui che ti ha generato.

Anche oggi, anche quando ti sentì fragile, insicuro, perso, intimorito, non sei null'altro che quel perfetto Punto di Luce. Come potrebbe essere diversamente, dal momento che null'altro esiste?

E non puoi che essere puro e perfetto, perché Dio genera solo a propria immagine e somiglianza, ovvero un Figlio puro e perfetto.

Sei stato generato come frutto dell'esprimersi del Padre e, come Lui, hai il potere di creare, di manifestare, di dare forma al tuo essere e nella tua libertà crei solo ciò che è puro e perfetto, perché dalla Luce può nascere solo Luce.

Questo sei, questo sei sempre stato e questo sempre sarai, perché così Dio ti ha creato e nulla può cambiare ciò che Dio ha fatto. Non sei stato generato per essere vittima della malattia, della mancanza, della tristezza, della fatica, della morte; sei stato generato per splendere. In questo consiste la tua libertà: puoi solo splendere in quanto Punto di Luce e non puoi fare altro, perché non esiste altro.

Persi

Sarai forse tentato di pensare che stai leggendo cose proprio un poco strane, ma sono sicuro che nel profondo senti che deve esserci del vero, anche se forse fatichi a conciliare quanto stai leggendo con quello che ti sembra sperimentare nella tua quotidianità.

Se sei un eterno Punto di Luce, perché ti sembra di avere talvolta freddo o fame? Perché ti capita di sentirti solo, arrabbiato, fragile, perso; perché ti ammali, hai paura di morire, non comprendi perché ti accadono eventi nella vita che assolutamente non vorresti vivere? E' perché non sei Tu a sperimentare tutto questo. Tu sei un Punto di Luce generato ad immagine e somiglianza di Dio, non esiste che Tu possa ammalati, morire, avere freddo o fame, sentirti solo, avere sensi di colpa. Non c'è nulla la fuori che possa nuocerti, perché nulla è stato generato oltre a te. C'è stato un unico atto creativo, un unico scoppio di risa, che ha generato un unico Figlio, la Figliolanza, Tu.

Perché allora, se sei Pura Luce, talvolta hai paura? Perché talvolta sei convinto che ti manchi qualcosa? Perché ti succede di ammalarti o addirittura di morire?

Non so come è potuto succedere, sembra impossibile possa essere successo, ma evidentemente per un brevissimo istante, anche se parlare di istante è improprio perché il tempo non era ancora iniziato, nella mente della Figliolanza è passato un fugace pensiero: *"E se io fossi qualcosa di separato dal Padre?"* Forse essa, eccitata dal proprio atto creativo, si è talmente immersa nella propria creazione, da perdersi per un momento nella propria creazione dimenticando il quadro generale: il proprio essere una cosa sola col Padre.

Che assurdità, che pensiero sciocco, ciò che è generato dal Padre è sua espressione, è il Padre che si esprime, non esiste che possa essere scollegato dalla sua Fonte, sarebbe come dire che la tua voce possa esistere senza di te.

Infatti non è successo, non ti sei mai separato dalla tua Sorgente, non lo hai fatto perché non puoi farlo, sei libero di essere ciò che sei, ma non puoi essere ciò che non sei.

Nella realtà non è accaduto nulla, niente ha turbato il libero splendere della Figliolanza, solo un piccolo dubbio ha attraversato la sua mente, un piccolo timore subito superato, cancellato dall'evidenza della Verità. La caduta non è quindi mai avvenuta, il Figlio non ha mai abbandonato il Padre, nessuno è mai stato scacciato dal Paradiso, perché nulla esiste al di fuori del Paradiso, nulla esiste al di fuori di quanto Dio ha creato, e Dio ha creato solo Luce, Pienezza, Pace.

Non c'è mai stata una caduta, non c'è mai stato un peccato. Non c'è nessuna colpa, perché non è successo nulla.

Quel piccolo sospetto di separazione, durato solo un attimo, anche se parlare di attimo è improprio perché il tempo non esisteva,

14

quel piccolo dubbio subito cancellato dall'evidenza della Verità, ha dato origine ad una bolla di illusione. Nulla ha turbato la pace della Figliolanza, perché nulla è accaduto nella Realtà, il Figlio non è mai stato separato dal Padre e mai lo potrà essere, ma una parte della mente della Figliolanza non si è accorta dell'errore e, da allora, vive come se la separazione esistesse. Qui nasce il mondo come tu lo conosci. Quando temi, quando lotti, quando pensi di morire, non sei Tu a farlo, è la parte della tua mente che vive nell'illusione della separazione che lo fa. Tu, eterno ed onnipotente Punto di Luce, vivi come se fossi piccolo, fragile, bisognoso, solo.

Da quel sospetto di separazione nascono il tempo e lo spazio. Il tempo è figlio della separazione, il tempo è l'intervallo che passa mentre vai da qui a lì, ma il qui ed il lì esistono solo nell'illusione della separazione. Dove c'è l'unità della Figliolanza non c'è separazione, quindi non esiste lo spazio e non ti serve tempo per andare da qui a lì, perché sei già lì; sei lì, qui, ovunque, sei molti e sei Uno.

Il tempo dunque non esiste, perché non esiste la separazione, non c'è spazio che separi un aspetto della Figliolanza da un altro aspetto di Sé. La realtà è la Luce che sei, una e molteplice; il resto, la separazione, non esiste, perché solo ciò che il Padre ha generato esiste. Quindi è illusione il tempo, è illusione lo spazio che sembra dividere, sono illusione le limitazioni, la malattia, la morte. Solo Tu esisti, la Figliolanza nel suo splendore.

La vita come tu la immagini, quel procedere dalla nascita verso la morte tra gioie e fatiche, cercando di sopravvivere a malattie, assalti, incidenti e disgrazie, cercando una sicurezza spesso minacciata dagli eventi della vita, cercando forse una illuminazione che ti porti fuori dalla paura e dall'incertezza, per arrivare comunque alla resa alla morte, non esiste. Durante tutte le ere in cui hai pensato di lottare per la tua sopravvivenza, per conquistare potere, tenue tentativo di mettere a tacere la tua profonda insicurezza, in cui hai immaginato di sperimentare fallimenti, morte, conquiste, vittorie; in cui hai immaginato di morire solo per ritrovati in un nuovo corpo a rivivere le stesse speranze e le stesse paure, in tutto questo tempo non hai smesso un momento di essere quel meraviglioso Punto di Luce che Dio ha generato, non hai smesso neppure per un momento di risplendere e di irradiare la Pace, la Gioia e l'Amore che sei.

Mentre Tu risplendevi, chi pensava di sperimentare le vicissitudini della vita era la parte del pensiero rimasta bloccata in quell'unico attimo in cui il dubbio della separazione ha attraversato il pensiero della Figliolanza. La parte del pensiero che per un attimo ha contemplato una separazione, che nella Realtà non è mai avvenuta, continua, da allora, a rivivere quell'istante. Mentre Tu risplendi libero e forte, una piccola parte distorta del tuo pensiero vive come se quel piccolo pensiero di separazione durato un istante e subito smentito dalla Realtà corrispondesse al vero.

Quella piccola parte di pensiero rivive da migliaia di anni quel minuscolo attimo di dubbio. Quel piccolo pensiero ha dato origine alla separazione, una separazione che non esiste e non potrà mai esistere, perché Dio è Uno e solo Dio esiste, ma quella piccola parte distorta del pensiero vive come se la separazione esistesse, vive un incubo. Tutte le fatiche, i dolori, le malattie, gli incidenti, le guerre, la morte, i cataclismi, sono solo gli incubi di quella piccola parte del pensiero che vive come se la separazione esistesse. Ma non esiste. Nessuno è mai morto, poiché ciò che Dio ha generato non può morire e solo ciò che Dio ha generato esiste.

Se vedi qualcuno morire, non stai vedendo la Realtà, bensì un sogno, frutto dell'illusione della separazione. La persona che vedi morire non è mai morta e mai morirà. Se la vedi morire non stai vedendo la persona, ma un sogno di persona frutto dell'illusione di separazione. Se i tuoi occhi vedono una persona morire, non stai guardando con i tuoi occhi, ma con gli occhi della parte di te nata dall'illusione di un mondo separato. Mentre pensi di osservare una persona che muore, tu stai splendendo nella Pace e nella Luce, così come colui che sembra sperimentare la morte. Sono gli occhi del pensiero separato che pensano di vedere la morte vincere sulla vita, pensano di vedere quello che non è possibile, che non è mai stato possibile e che mai sarà possibile.

Solo Dio esiste, solo la Vita esiste.

Perché la parte del pensiero rimasta bloccata nell'illusione di separazione sogna sogni di fatica, precarietà, mancanza, malattia, guerra e morte? Perché sogna l'inferno invece del Paradiso? In quel piccolo momento di illusione, durante il quale per un attimo parte del pensiero ha fantasticato di separazione, è nato il senso di colpa. Colpa che esiste solo nell'illusione della separazione. Nella Realtà non esiste colpa, perché non esiste separazione, ma nell'illusione della separazione essa appare reale, una parte del pensiero è convinta di aver ripudiato il Creatore, nell'illusione sei convinto di esserti allontanato dalla tua Sorgente, da qui il profondo senso di colpa, l'attesa della punizione inevitabile, il senso di mancanza.

Ecco la fame, il freddo, la lotta per togliere agli altri quanto pensi ti serva e di cui sicuramente non ve ne è per tutti. La parte del tuo pensiero che pensa di vivere nell'illusione della separazione aspetta il castigo del Padre, questa attesa ti snerva, ti consuma, sei talmente sicuro che il castigo arriverà che cominci a punirti da solo, sperando così di mitigare la collera del Padre. Il senso di colpa e l'attesa della punizione consumano a tal punto la parte del pensiero che vive come se la separazione fosse realtà da farti ammalare, da deteriorarti fino a portarti a sperimentare l'illusione della morte.

La buona notizia è che non esiste nessuna colpa, non esiste nessuna punizione, non esiste nessuna collera di Dio, perché la separazione non è mai avvenuta. Nulla di ciò che Dio ha generato può essere separato da Lui.

Ma Tu chi sei?

Immagino che quanto hai letto finora possa aver suscitato in te un po' di confusione. Cerchiamo di portare chiarezza.

Dimmi: chi sei Tu?

Rispondi di essere Alfonso, o Maria, o Paolo, o Laura, o .... Sì, ma chi sei Tu?

Se ancora una volta sperimenterai il passare attraverso la morte, quando il corpo che indossi si sarà decomposto, chi sarai Tu? Ti chiamerai ancora Alfonso, o Maria, o ... ? Se poi deciderai di tornare sulla Terra per proseguire con le tue esperienze e ti chiamerai Meredith, o Luca, o .... , che ne sarà di Alfonso, Maria, o ...? Come può il nome che porti o il corpo che indossi essere te, se lo cambi ogni volta che torni sulla Terra? Quanti nomi diversi hai già avuto? Quanti corpi diversi hai già indossato? Ma allora, chi sei Tu? Se non sei Alfonso, o Maria, o ..., bensì la coscienza che di volta in volta ha indossato le sembianze che hai assunto, Tu non sei mai morto. Ed è così, perché la morte non esiste, nulla che Dio ha generato morirà mai, perché Egli esprime Sé stesso, che è Vita, e ciò che Egli non ha generato non esiste.

Ma allora da dove viene Alfonso, l'uomo nato 30, 40, o 50 anni fa, che vive intensamente questi anni della sua vita e che lotta per tenere il più possibile lontana la morte? Se ciò che è generato da Dio è generato a sua immagine e somiglianza e non conoscerà mai la morte - ricorda che la morte non esiste, perché solo ciò che Dio ha generato esiste, e Dio non può aver generato la morte, perché Lui è vita - da dove viene l'uomo che soffre, invecchia e poi muore? Semplicemente non viene, non è mai venuto, non esiste, non è mai esistito, perché solo Dio esiste e Dio non soffre, non invecchia, non muore, e quindi nemmeno Tu.

Forse sei ancora più confuso. Mi ero proposto di portare un po' di chiarezza, ma il tutto può sembrare molto poco sensato. L'Alfonso che sei abituato a vedere non esiste, poiché è una creazione della parte del pensiero che vive come se la separazione esistesse. Per la parte del tuo pensiero che vive come se la separazione esistesse, la fame, il freddo, la solitudine, la guerra, la malattia e la morte appaiono estremamente reali. Se la separazione esistesse avresti ragione a sentirti in colpa, a temere la malattia e la morte, ma la separazione non è mai avvenuta.

Se vedi la malattia, è perché ti sei dimenticato chi sei e ti identifichi con l'incubo sognato dalla parte del pensiero che vive come se la separazione esistesse.

Una grande risata, un unico atto generativo, il Creatore genera la Figliolanza. Un unico Figlio che si esprime in infiniti Punti di Luce, ognuno individuo e contemporaneamente Unità, ognuno consapevole della propria individualità e dell'essere allo stesso tempo

22

uno col resto della Figliolanza. Qui Tu esisti al di la del tempo e dello spazio, in costante espansione gioiosa e creativa.

Mentre cerchi un senso alla tua vita, mentre cerchi un modo per guadagnati da vivere, Tu esisti come Essere di Luce. Non in un lontano futuro, non se dimostrerai di essere buono, ma ora, sempre. Anche se parlare di ora e sempre appare inappropriato perché, in quanto Punto di Luce, tu esisti al di la del tempo. Tu sai di esistere come individuo e sai di esistere come Unità. Una parte del tuo pensiero, quella che crede nella separazione, si è persa nell'incubo dell'esistenza come se la separazione esistesse. Mentre vivi nel tuo eterno splendere, una parte del tuo pensiero immagina di vivere nella separazione.

Tu, il Cristo.

Cristo è Dio in manifestazione, la Figliolanza, Tu.

Quando, perso nell'illusione della separazione, invochi l'aiuto di Cristo, o del Divino, chi corre in tuo aiuto sei Tu. Tu nel tuo esistere reale, fuori dall'illusione. E' il tuo sé illusorio che chiede aiuto a te, il Tu reale, il Punto di Luce. Anni trascorsi a cercare la Luce e la Luce che cercavi sei Tu, lo sei sempre stato e sempre lo sarai, perché non puoi essere altro, perché non esiste altro.

In quanto Cristo sei consapevole della tua individualità e contemporaneamente di essere il Tutto: sai di essere te, ma anche di essere me, la montagna, l'acaro della polvere, la stella lontana, lo schiavo egizio e la donna del futuro non ancora nata. In quanto Cristo vivi nella Pace, non comprendi la competizione tra te e l'altro, perché non esiste altro, esiste l'Esistente, la Figliolanza, Tu. Ci sei Tu che ti relazioni con te stesso. Ovunque ti volgi, vedi te stesso che brilli, ti guardi intorno consapevole di essere colui che guarda e colui che viene visto, sperimenti contemporaneamente il vedere e l'essere visto. Questa è casa, è come sei stato pensato, come sei, fosti e sarai.

Senza mai scollegarti da ciò che sei, una parte del tuo pensiero sperimenta l'illusione della separazione e si è persa nel suo incubo.

Per lei la malattia è reale, la morte è certa, il conflitto inevitabile, l'incertezza la norma. Effettivamente, ritenendosi separata dalla propria fonte, questa parte sconnessa del tuo pensiero non vede l'abbondanza che satura il creato, non la vede perché non pensa di meritarlo, così proietta le proprie aspettative: penuria, malattia e morte, espressione della punizione per il peccato del rinnegamento del Creatore. Tutte le difficoltà che può incontrare, che si tratti di malattia, della perdita del lavoro, di difficoltà nella vita sentimentale, di incidenti, liti, rancori, hanno un'unica causa: l'illusione della separazione dalla Sorgente. Ma la separazione non è mai avvenuta, quindi le difficoltà non hanno una causa, dunque non esistono.

E' poco utile cercare una cura alla malattia, risolta questa ne arriverà un'altra, occorre che la parte della tua mente che vive come se la separazione esistesse riconosca l'errore ed accolga la Verità: Tu sei oltre la malattia, oltre la fatica, oltre il tempo, oltre la morte, Tu sei un onnipotente Punto di Luce ed allo stesso tempo tutta la Luce, il Cristo.

Il corpo

Tu non hai un corpo, non hai un nome, non hai un volto, non hai età. Semplicemente sei.

La parte del tuo pensiero che vive come se la separazione esistesse ha bisogno di confini, senza confini non c'è separazione, quindi si è divisa in molti piccoli sé: Alfonso, Maria, l'albero, il gatto, il lombrico, ..., ognuno convinto di esistere separato dagli altri. Così Alfonso può umiliare Lorenzo per sentirsi grande e sicuro. L'illusione di un momentaneo senso di forza rinvigorisce in Alfonso la convinzione che la separazione sia reale, portando inevitabilmente più dolore nell'esperienza sia di Alfonso che di Lorenzo. Umiliando Lorenzo, Alfonso sta umiliando sé stesso, perché Tu esisti sia come Alfonso che come Lorenzo.

La parte della tua mente che vive come se la separazione esistesse, chiamiamola ego, ha bisogno di confini per avere un senso di identità, per distinguersi dagli altri ego.

In quanto Punto di Luce non hai un ego, Dio non ha creato l'ego, perché Lui non concepisce separazione. Tu, la Figliolanza, sei un essere multidimensionale che si percepisce via via meno Unità e più individuo. Da qui i diversi livelli di esistenza. Tu esisti come l'Unico Figlio, come Punto di Luce, come Mastro di Luce

27

con un proprio corpo, anche se di Luce, come individuo incarnato in un corpo fisico; in ogni tuo aspetto con un diverso livello di percezione del tuo essere individuo. L'apoteosi della individualizzazione è la vita in un corpo fisico. Qui l'illusione dell'essere separato dal Tutto è talmente convincente che Alfonso pensa di finire dove finisce la sua pelle, che ciò che vede fuori dalla propria pelle non è lui, è convinto che quando quel corpo materiale si consuma, lui finisce.

Quindi Tu, infinito Punto di Luce, mentre risplendi imperturbato, con una parte del tuo pensiero sperimenti un'illusione di separazione. Ti sei costruito un corpo che percepisci fragile e perituro ed un mondo precario ed insidioso. Il corpo che il tuo ego pensa di essere, prodotto del suo pensare distorto, esprime i suoi errori di comprensione. Mentre solo pienezza e gioia esistono, il corpo, come l'ego lo vede, sperimenta mancanza, fatica e morte. Tu, che sei tutto ciò che esiste, attraverso l'ego sperimenti la mancanza. Tu, che sei tutto ciò che esiste, senti il bisogno di prendere da fuori di te ciò che pensi ti serva per mantenerti in vita. Pensi che se non ingerisci vita dall'esterno morirai. Tu, che sei l'Amore, cerchi qualcuno che ti ami e soffri se se ne va. Tu, che sei la Vita, invecchi e muori. Non è però colpa del corpo. Il corpo non ha una propria volontà. Il corpo, proiezione dei pensieri dell'ego, si adegua ad essi. Il tuo ego pensa castigo e colpa, il corpo esprime bisogno, sofferenza e morte. Se sei Tu, l'essere infinito, a pensare, il corpo si adegua al tuo pensiero e non soffre per il freddo od il caldo, non ha bisogno di essere nutrito, non è soggetto alla malattia, non muore.

Tu, il Figlio di Dio, puro Esistere, assumi varie forme. Il tuo essere puro Esistere si fa via via più tangibile e, da pensiero, passa ad esprimersi come Luce, poi la Luce diviene forma, poi la forma condensa in materia. Non c'è dualismo, sei sempre solo Tu: la Figliolanza che si esprime in diversi livelli di densità. Il corpo che abiti non è fragile, appare fragile agli occhi del tuo ego che lo vede come si aspetta di vederlo, fragile e bisognoso. Se guardi al corpo che abiti con gli occhi del tuo essere Punto di Luce vedi solo Luce che splende ed esso non può più ammalarsi, percepirsi nel bisogno, o morire.

Ti sei talmente abituato ad identificati col tuo ego, con la parte del tuo pensiero che vive come se la separazione esistesse, da pensare di essere ciò che vive all'interno dei confini che ti sei costruito, dentro il corpo che indossi. Arriva però sempre il momento in cui ti senti soffocare dai confini che ti sei costruito, perché ogni confine, se da una parte sembra proteggere, dall'altra pone dei limiti. A lungo andare questi ti soffocano ed il tuo vivere diviene pesante. Tu sai di essere di più, ed è vero: Tu sei di più, Tu sei Tutto.

Forse ti starai domandando che utilità hanno queste mia parole per la tua vita. Forse ti sei reso conto che ci sono frasi che ripeto spesso, l'intento è quello di rinforzare nel tuo pensiero ciò che sai essere vero, ma a cui normalmente non dai credito. Il tuo pensiero forse dice che splenderai forse un domani, quando sarai in Paradiso. Ma tu sei in Paradiso già ora, non ne sei mai uscito, anche perché non esiste nulla al di fuori di quanto Dio ha creato. Forse pensi che non avrai più fame quando non indosserai più un corpo, ma il corpo non è la fonte del limite, semplicemente esprime i limiti in cui credi, e Tu non hai limiti. Forse pensi che sperimenterai la pace quando sarai perdonato, ma Tu non hai mai peccato, il Figlio di Dio non può peccare, nella sua infinita libertà può solo essere ciò che è: Amore. Forse pensi che sarai sereno quando finalmente troverai l'amore, ma Tu sei l'Amore. Forse pensi che potrai sentirti al sicuro quando non ci saranno più guerre, ma Tu sei la Pace. Forse pensi che sarai sapiente quando sarai unito alla mente di Dio, ma Tu non ti sei mai separato dalla mente di Dio.

Quando hai paura, ricorda che non sei Tu colui che sta provando quel sentimento, ma il tuo ego. Fermati un momento e chiedi che sia il tuo vero Tu a sentire. Resterai sorpreso dalla differenza. Quando non vedi bellezza nella persona che incroci, sii sicuro che è il tuo ego che sta utilizzando i tuoi occhi; chiedi che sia il tuo vero Tu a vedere e sarai affascinato da una grande Luce che brilla, la realtà della persona che incroci. Se vedi il tuo corpo malato è perché è l'ego ad osservare, guarda Tu il corpo che indossi e vedrai Amore condensato e sentirai la Pace che sei.

Se ti entrano i ladri in casa, domandati se vuoi continuare a dare retta al tuo ego che ritiene Tu non sia degno di ciò che hai e meriti ti venga tolto; domandati se vuoi continuare a credere che non ce ne è per tutti e che se tu hai è perché a qualcuno manca e che egli cercherà di venire a prenderselo. Guarda alla tua vita con i tuoi occhi e vedrai l'abbondanza che l'universo riversa su di te e su tutti, saprai che nulla potrà esserti tolto perché Tu sei colui che crea il tutto. Il Padre crea la Figliolanza e la Figliolanza, ad immagine e somiglianza del Padre, continua a manifestare. Nulla può renderti povero, perché Tu sei Abbondanza; nessuno può ucciderti, perché Tu sei Vita; nessuno può rattristarti, perché Tu sei Gioia.

Ogni volta che sperimenti paura, fatica, fragilità, tristezza, sconforto, ricorda che non sei connesso col tuo Sé reale, bensì il tuo ego. Fermati un attimo e permettiti di ricordare chi sei.

La Tecnica

Nei secoli, durante le tue molteplici incarnazioni, hai elaborato riti, tecniche, pratiche, religioni, aventi lo scopo di liberati dal giogo dell'ego e tornare in contatto col tuo vero sé. Forse anche in questa tua incarnazione hai provato diverse strade per tornare a casa. Non ci sono strade migliori di altre, tutte hanno la funzione di riportati a casa. Tutte hanno pregi, tutte hanno un difetto. Il loro pregio principale è ricordati che c'è altro oltre alla tua fatica, c'è altro oltre i limiti che ti sei imposto. Il difetto è rinforzare in te l'illusione di essere lontano da casa e di dover percorrere un lungo e tortuoso cammino per tornarvi. E' falso, non hai mai lasciato casa, non esiste nulla oltre a casa. La separazione da cui cerchi di sfuggire per tornare nell'Unità non esiste, mai esistette e mai esisterà.

Ogni religione, ogni cerimonia, ogni rito, ogni culto, ogni pratica è utile come sono utili le rotelle per imparare ad andare in bicicletta. Senza fai all'inizio più fatica, rischi di cadere, di farti male e magari di rinunciare, le rotelle ti sostengono, ti mantengono in sella, ti permettono di acquisire fiducia nella tua capacità di guidare la bicicletta, ma ad un certo punto divengono un limite, ti impediscono di andare oltre, di fare curve in derapata, di godere appieno del tuo pedalare. Giunge il momento in cui devi toglierle. La religione ti ricorda che non sei solo, che c'è qualcuno di più saggio, amorevole, forte di te pronto ad aiutarti. Ciò ti da speranza, ti aiuta a non gettare la spugna, ma viene il momento in cui devi andare oltre, perché finché cerchi l'aiuto di Dio non puoi ricordare che Tu sei la fonte dell'aiuto di cui pensi di aver bisogno. Anche questo libro è una forma di rotelle: finché penserai di dover imparare ti sarà difficile riconoscere che Tu sei la Conoscenza. Quindi questo libro può essere per te una coppia di rotelle; quando riconoscerai che Tu sei ciò che hai sempre cercato, non ti sarà più di nessuna utilità.

Desidero ora condividere con te le rotelle che io adopero, nella speranza possano esserti di aiuto. Mi rendo conto che offrendoti delle rotelle instillo in te il dubbio di non essere in grado di pedalare senza, ma il mio desiderio è che queste rotelle ti permettano di acquisire presto la confidenza che ti permetterà di realizzare che non ne hai bisogno, che non ne hai mai avuto bisogno. Non ne hai mai avuto bisogno perché Tu non ti sei mai perso, non hai mai smesso di essere la Luce immacolata che il Padre ha generato.

La Verità ci farà liberi. La Verità apre, dona fiducia, espansione, pace. La paura contrae, chiude, fa serrare i pugni, fa incassare le spalle, ti fa vedere il nemico dove non c'è. A volte pensi che hai motivo di aver paura, perché il mondo è pericoloso. Falso, il mondo ti appare pericoloso perché hai paura: Tu crei il tuo mondo. Se credi che la malattia abbia potere su di te, sperimenterai la malattia; riconosci che nulla ha potere sul Figlio di Dio e non ti ammalerai.

Buddha se ne sta in pace seduto sotto l'albero di fico, si presenta a lui una mamma disperata con in braccio la piccola figlia morente. Lui le guarda e ... sorride. Cosa succede? La donna si presenta terrorizzata all'idea che la figlia possa morire, la sua verità è disperazione. La figlia condivide l'illusione della madre e lentamente si sente scivolare nella morte. Buddha le guarda e vede due meravigliosi Punti di Luce che splendono nella propria magnificenza.

Non partecipa alla loro angoscia, perché nessuno è in pericolo. Non c'è traccia di malattia, non c'è traccia di paura, perché la malattia non esiste, non è mai esistita e mai esisterà, perché Dio non la ha creata e se Lui non la ha creata non esiste. Se Buddha avesse visto una bimba malata in braccio alla madre disperata, avrebbe partecipato alla loro illusione di malattia e morte, rinforzando la loro convinzione che malattia e morte esistono ed che hanno potere su di loro. Ma Buddha sorride, non segue la madre e la figlia nel loro incubo, mantiene il suo sguardo fisso sulla Verità e testimonia ciò che è vero. Malattia e morte non esistono, solo la Vita esiste.

La donna e la figlia hanno ora apparentemente due possibilità. Continuare a guardarsi con gli occhi del loro ego che vive nella separazione ed andarsene sconsolate, rinforzando la propria illusione che non c'è via di uscita dalla morte, e che nemmeno Buddha le può salvare. O fare proprio lo sguardo di Buddha e vedersi come Lui le vede. Se così fanno, la malattia non ha più posto nelle loro vite, perché non ha più posto nei loro pensieri. Ho scritto che apparentemente hanno due possibilità perché nella realtà loro non hanno nessuna scelta, non puoi scegliere tra verità ed illusione, perché solo la Verità esiste. Puoi però essere sano e continuare a sperimentare l'illusione della malattia. E' l'illusione di una scelta.

Buddha non può guarire la bambina, perché Buddha vive nella Verità e nella Verità la malattia non esiste. La malattia si basa su una menzogna, cioè che l'uomo è separato dalla propria fonte, il che non è mai accaduto, ne mai potrà accadere. Buddha non può curare la bimba, perché curarla significa affermare che la sua malattia è reale. Ma è falso. Buddha può solo sorridere, beato nella contemplazione dello splendore di questi due perfetti Punti di Luce che sono davanti a Lui.

Tu non puoi essere malato, perché sei Pienezza, Tu non puoi essere povero, perché sei Abbondanza, Tu non puoi sperimentare ira, perché sei Pace, Tu non puoi morire, perché sei Vita.

Questa è la mia tecnica, ricordare di guardare con i miei occhi e non con quelli del mio ego, di quella parte della mia mente convinta che la separazione esista.

Ho già detto che Tu sei un magnifico Punto di Luce, una parte del tuo pensiero è però convinta dell'impossibile, cioè che Tu sia separato dalla tua Sorgente. Più ascolti questa parte del tuo pensiero, più ti accartocci su te stesso. La Verità espande, la paura contrae.

Per entrare sempre più in contatto con la Verità che sei, devi farle spazio, devi aprirti, perché la Verità è espansione, leggerezza libertà. Non può entrare dove regna la paura e la contrazione, non ci sarebbe abbastanza spazio per Lei.

Siedi in una posizione comoda, con la schiena diritta, ma non rigida. La testa bene in equilibrio sulle spalle. Le spalle bene aperte, in torace aperto, con il cuore che può battere libero. Fai dei bei respiri profondi, ispirando fai spazio in te, allarga il torace, espirando immagina di espanderti. Ad ogni respiro puoi rinnovare la tua scelta: scegli di aprirti un po' di più o scegli di contrarti? Presto l'ego comincerà a boicottare i tuoi progressi. Egli non vuole l'espansione, egli vive di chiusura e separazione. Ma ad ogni respiro puoi rinnovare la tua decisione, scegli la paura o la vita? La paura chiude, la vita apre. Ricorda chi sei in realtà: uno splendente Punto di Luce. Vedi, percepisci, immagina, questo Punto di Luce dentro il corpo che indossi. Quella Luce sei Tu. Inspirando fagli spazio dentro il corpo che abiti, espirando permetti alla Luce che sei di irradiarsi dentro ed intorno al tuo corpo.

Forse al principio dovrai accontentarti di immaginare la Luce che sei irradiarsi, presto comincerai però a percepirla, prima una sensazione flebile, poi sempre più intensa, tanto che non potrai più dubitare della sua esistenza. Saprai di splendere.

Presto ti accorgerai che hai perso la concentrazione e che stai vagando seguendo i pensieri della tua mente. Non importa, non lottare contro di essi. Semplicemente lasciali andare e torna al tuo respiro. Alla prossima respirazione puoi nuovamente scegliere: espansione o chiusura? Comincerai a sentire la Luce che sei scorrere attraverso il corpo che indossi, percepirai le cellule del corpo iniziare a fremere. Aggrappati a questa sensazione, forse la percepisci come un formicolio, forse come una brezza fresca, forse come una leggera scossa. Sei Tu, è la Luce che Tu sei, che fluisci attraverso la materia elevandola. Ricorda: la dualità non esiste, la materia non è una realtà diversa dalla Luce, è Luce che si è dimenticata di esserlo.

Quando fluisci attraverso la materia, le permetti di ricordarsi cosa essa è e risponde felice. Presto sentirai le cellule fremere e danzare, stai ricordando al tuo corpo che è fatto di Luce, perché solo la Luce esiste.

Via via che ti espandi c'è sempre meno spazio in te per la paura, la rabbia, la malattia: esse vivono nella contrazione, non possono esistere nell'espansione. Così i tuoi pensieri cambiano, avrai sempre meno pensieri tristi e sempre più pensieri gioiosi e ti sarà sempre più spontaneo restare espanso e brillare. Le persone intorno a te non potranno fare a meno di cominciare a brillare con te, perché i loro pensieri, i loro corpi, entreranno in risonanza con i tuoi. Come neve al sole le loro paure si scioglieranno al calore della Luce che sei. Il sole non ha intenzione di sciogliere la neve, lui è ciò che è, calore, lui fa l'unica cosa che può fare, risplendere. Così Tu non sei responsabile della felicità degli altri, sei responsabile del tuo splendere.

Può succedere che, mentre cresci nel tuo splendore, emergano dolori, pensieri tristi, emozioni sgradevoli. È normale. Di nuovo è l'ego che cerca di boicottare la tua espansione. Se ascolti questi dolori ti diranno di non fidarti, che non sei degno di tanta Luce, che nessuno ti capirà, che resterai solo, che sarai punito per tanta arroganza, che sei schifo e non Luce, che non puoi sfuggire alla sofferenza che meriti. Non perdere tempo con questi pensieri, ascoltali e lasciali andare, mentono. Al prossimo respiro hai nuovamente la possibilità di scegliere: espansione o contrazione? Ad ogni respiro puoi scegliere: espansione o chiusura? 15 volte al minuto, 900 volte in un'ora. Presto ti verrà talmente naturale che lo farai automaticamente e non potrai che splendere. Ti accorgerai di non pensare più a te come ad un corpo che aspira alla Luce, bensì come a Luce che abita un corpo anch'esso fatto di Luce. Il tuo orizzonte si espanderà così come lo spazio ed il tempo in cui ti muovi.

Ecco la tecnica: vuoi Luce? Sila, perché Tu sei la Luce. Vuoi Pace? Siila, perché Tu sei la Pace. Vuoi salute? Siila, perché Tu sei la Vita. Vuoi gioia? Siila, perché Tu sei la Gioia. Non un domani, non in un'altra dimensione, adesso, qui, non sei mai stato altro. Vuoi trovare Dio? Siilo, perché Tu sei Dio. Respira. Scegli: espansione o chiusura? Solo tu puoi decidere, Dio ha già deciso, ti ha generato a sua immagine e somiglianza. Tu cosa scegli? Respira: espansione o chiusura?

Sembra che tu abbia una possibilità di scelta. Falso. Non puoi scegliere tra l'essere Luce e l'essere paura, perché solo la Luce esiste. Non puoi cambiare ciò che sei. Puoi vivere facendo finta di essere qualcosa di diverso, ma ciò non ha nessun effetto sulla Realtà di chi Tu sei. Ha effetto su ciò che pensi di essere, non su ciò che sei. Quindi Verità o illusione? Respira: espansione o chiusura?

Ti percepirai con sempre maggiore chiarezza: Luce che si irradia attraverso un corpo. Succede talvolta che si riesca a liberare una tale parte di sé da ingolfare i circuiti del corpo. Quando succede ci si ritrova con le estremità paralizzate dall'intensità del proprio fluire. Se dovesse accaderti, non ti preoccupare. Presto i tuoi circuiti si adatteranno al nuovo livello di energia che riesci ad incarnare e ciò che oggi sembra incontenibile diviene la normalità di domani. Un altro passo verso il corpo di luce.

Il corpo di luce

Esiste solo l'Uno, non esiste il due. Esiste solo Dio e nulla al di fuori di Lui. Non esiste neppure un fuori, perché solo Dio esiste. Non esiste contrapposizione tra spirito e materia, perché solo Dio esiste. Non esiste nulla che sia limitato, caduco, temporaneo, fragile. Se ti sembra di vedere qualcosa di caduco, non stai vedendo nulla di reale, ma solo la proiezione di pensieri della mente convinta che la separazione esista, dell'ego. Se percepisci il corpo che indossi come vulnerabile, non stai percependo qualcosa di reale, bensì una proiezione del tuo ego, del tuo sé che vive l'incubo della separazione.

Il Creatore prorompe in una risata e genera il Figlio, te. Un unico Figlio; Uno, ma anche molteplice. Infiniti Punti di Luce che sono un'unica Luce. Sei un essere multidimensionale: sei l'unico Figlio, ma sei anche tutti i Punti di Luce e sei anche un singolo Punto di Luce. Dipende a che livello ti osservi. Tu sei contemporaneamente un Punto, tutti i Punti, l'unica Luce. Ognuno di questi livelli è reale e Tu esisti contemporaneamente in tutti e tre. Tu sei sia individuo che totalità.

Nel tuo esistere come Punto di Luce, con una tua individualità, sei pura coscienza, pura energia, puro Amore creativo. Non hai forma, non hai confini. Splendi, ami, crei. Non hai neppure un corpo di Luce, sei Luce. Sei un punto che irradia, sei la Luce che viene irradiata. Tu, Punto di Luce, nell'eccitazione del creare, dell'esplorare quanto crei, ti vedi sempre più come individuo e meno come Tutto. Per meglio godere e fare esperienza di quanto crei ti pensi con un corpo. Un corpo di Luce: sai di essere il Tutto che fa esperienza dell'essere individuo, anche quando abiti in un corpo, un corpo di Luce.

L'esperienza in un corpo è talmente coinvolgente che ti ci immergi sempre più e la rendi sempre più concreta: il corpo di Luce si fa ancora più denso e diviene materia. Sei così assorto dall'esperienza nella dimensione della materia: un luogo dove Dio si fa talmente concreto da poterlo toccare, annusare, assaporare, che risulta difficile ricordare l'infinito che sei e nella tua mente passa il fugace dubbio che Tu possa essere separato dal Tutto. Assolutamente impossibile, perché il Tutto sei Tu e non puoi esistere separato da te stesso. Una parte del tuo pensiero rimane intrappolato però in questo incubo convincendosi di essere individuo separato. Se sei separato, devi necessariamente avere un confine, dove tu finisci e l'altro inizia. Il corpo fisico è l'apoteosi della separazione.

Il tuo corpo non è stato pensato come gabbia, come trappola per lo spirito, bensì come strumento di esplorazione e scoperta. Attraverso le esperienze che vivi nel corpo, Dio cresce; attraverso le emozioni che vivi nel corpo, Dio cresce. La materia non è la negazione di Dio, ma appare talmente lontana dall'Illimitatezza del Padre da indurre a dubitare che ne sia parte. Il senso di distacco induce pensieri tristi di separazione, abbandono, insicurezza, colpa, che tendono ad affievolire ulteriormente la Luce che brilla in ogni cosa creata, anche nella materia.

Il corpo che indossi incarna il tuo pensiero su di te e gli da espressione. Appare tanto fragile, vulnerabile, caduco, perché bassa è la qualità dei pensieri che esso esprime. Se vivi separazione, paura e colpa, il corpo non può che esprimere invecchiamento, malattia e morte.

Alzando la qualità dei tuoi pensieri, alzi la frequenza dell'energia che forma il tuo corpo ed esso diviene sempre meno denso, sempre meno fragile, sempre meno caduco. Sino a tornare ad essere il versatile strumento di interazione che era stato pensato. Capace di spostarsi con te nel tempo e nello spazio. Da utilizzare quando lo desideri.

Come puoi fare ad alzare il livello dell'energia nel corpo? Respira: espansione o contrazione? Ogni volta che blocchi il respiro, scegli la paura. Respira: espirando espanditi, risplendi, dona la Luce che sei. La tristezza chiude, la gioia apre, la rabbia contrae, il perdono espande, l'odio schiaccia, l'amore innalza, la sfiducia spegne, la fiducia eleva.

Mi pare di cogliere un tuo pensiero: come faccio a splendere se sono triste? Sei triste perché non splendi quanto vorresti. Respira: espansione o chiusura? Scegli di investire il tuo respiro nel rinforzare la paura o nell'alimentare la gioia? La tua scelta da forma a ciò che sperimenterai.

Generalmente si pensa che l'evento crei il pensiero. Il mondo è pieno di ladri, quindi io sono in pericolo. Continuo a vedere morire persone intorno a me, quindi ho paura di morire. Falso. Poiché ho paura, manifesto altri pronti a togliermi quello che mi serve. Quanti errori in una sola frase. Non ci sono altri, Tu solo esisti; nulla può esserti tolto, Tu sei tutto; nulla ti serve, Tu sei pienezza.

Non hai paura di morire perché vedi persone morire, vedi persone morire perché hai paura della morte. Quando accetterai la verità che nulla muore, non vedrai più morire nessuno, non vedrai più ciò che non esiste.

Indossare il corpo di Luce non significa rinunciare al corpo di carne; significa ricordare che la carne non è in antitesi con lo spirito e che il tuo corpo di carne non è altro che il tuo corpo di Luce che si è scordato di esserlo. Non ti sto proponendo di lasciare il mondo, bensì di viverlo con la tua libertà, la tua gioia e la tua capacità di meravigliarti.

La Tecnica (continua)

Non c'è nulla da raggiungere, da conseguire, da apprendere. Sei già. Si tratta solo di permetterti di esprimere ciò che sei, che fosti e che sempre sarai: Esistenza.

Per farlo ti basta sceglierlo. Respira: espansione o chiusura? Non hai neppure bisogno di assumere una posizione particolare. Stai camminando, respira: espansione o chiusura? Sei fermo al semaforo, respira: espansione o chiusura? Stai facendo la doccia, respira: espansione o chiusura? Col tempo non dovrai neppure pensarci e risplendere sarà la tua normalità, come è normale che sia.

All'inizio aiuta dedicare dei momenti alla pratica durante la giornata. Ti siedi confortevolmente in un luogo tranquillo con la schiena diritta anche se non rigida. Se non siedi per terra, i piedi sono ben appoggiati al suolo. Il torace ben aperto, le spalle che si aprono e cadono indietro. Senti come respiri bene. Rilassi tutte le contrazioni di cui sei consapevole: la pancia, le spalle, il collo, la fronte, gli sfinteri. Ricorda: contrazione uguale chiusura. Immagina, visualizza, percepisci, una linea di luce che parte nello spazio infinito sopra di te, entra nel tuo corpo attraverso la sommità del tuo capo, attraversa tutto il tuo tronco, esce dalla sua base del tronco, un punto tra i due sfinteri, e raggiunge il centro della terra. Il tuo corpo ponte tra cielo e terra, tra spirito e materia. Ecco il motivo per cui ti chiedo di tenere la schiena dritta, per agevolare il passaggio della Luce. Respira: inspiri e ti apri alla corrente di Luce che scorre attraverso di te, come una spugna immersa nell'acqua; senti, immagina, visualizza ogni cellula del tuo corpo che si impregna di questa magnifica energia. Senti, immagina, visualizza come le cellule rispondono liete e si accendono di luce propria. Espira e dona al mondo la Luce che sei. È come aprire una diga: più ne doni, più ce né. Se la blocchi, si spegne. Lasciati fluire, non c'è limite alla Luce che sei.

Gli altri

Ho scritto che vedi persone morire perché hai paura di morire, che quando accetterai la verità che nulla muore, non vedrai più morire nessuno, non potrai più vedere ciò che non esiste. Che ne è allora della libertà degli altri? Se il loro essere dipende dal tuo sguardo, dov'è la loro libertà?

Non ci sono altri, ci sei solo Tu. Un unico Figlio che si esprime attraverso molteplici sé, contemporaneamente uno e molti. Quando incroci un altro essere, ciò che accade in realtà è che l'unico Figlio incontra sé stesso. Ricorda: il Figlio sperimenta l'individualità senza scordare di essere Uno. Quando ti identifichi con la parte del tuo pensiero che vive nell'illusione della separazione, guardando un altro essere pensi sia altro da te, indipendente. Falso, non stai vedendo Lui, stai vedendo quello che il tuo pensiero si aspetta di vedere. Il pensiero viene prima dell'esperienza. Il pensiero crea l'esperienza. Se cambi il tuo pensiero, il tuo mondo cambia.

Tutto ciò che i tuoi occhi pensano di vedere non è reale. L'unica Realtà sei Tu, il Figlio, eterna Luce. Lo sguardo veritiero vede solo ciò che esiste, il Figlio nel proprio splendore, nella propria pienezza. Se i tuoi occhi vedono altro, stanno osservando ciò che il tuo pensiero separato proietta. Il tuo vicino di casa antipatico non esiste. Egli sei Tu, illimitato Amore. Se vedi una persona antipatica è perché il tuo ego ha scelto di manifestarlo. Ciò non significa che quella persona è obbligata ad essere antipatica per conformarsi ai tuoi pensieri. Quella persona, come tu pensi di vederla, non esiste. Esiste solo per te, nel tuo mondo, e nel mondo di quanti condividono la tua stessa illusione. Nella Realtà anche lei splende nella Pace.

Il Paradiso non è un dove od un quando, è un pensiero. Il Paradiso, esistere senza l'illusione della separazione, è la sola esistenza che c'è. Se vedi l'inferno è perché stai vedendo la proiezione dei tuoi pensieri di separazione. Tu vedi malattia, ingiustizie, fame, sofferenza, solitudine, morte. Li vedi perché sono il prodotto dei tuoi pensieri separati, non sono reali. Le persone che vedi soffrire ingiustamente sono la proiezione dei tuoi pensieri secondo cui tu meriti di essere punito e loro espiano le tue presunte colpe. Nessuno sta soffrendo, solo Dio esiste e Dio non soffre. Se vedi sofferenza non vedi la Realtà, ma le tue paure. Paure che sono immotivate, perché nascono da un sentimento di separazione che non è mai avvenuta e mai potrà avvenire. In Dio non esiste separazione e se non c'è in Dio non c'è. Pensa pensieri di Verità e sei nella Luce, e gli altri con te.

In questo momento della tua vita hai deciso che vuoi ricevere una prospettiva nuova sul tuo esistere. Pensando di non avere in te la possibilità di concepire uno sguardo nuovo, hai manifestato me, affinché io scrivessi questo libro e potessi dirti ciò che volevi sentirti dire. Io esisto nel tuo mondo perché Tu mi hai creato affinché ti dicessi quello che già sai, ma che il tuo ego fatica a riconoscere. Per te io sono l'incarnazione di una parte più consapevole di te che hai proiettato all'esterno affinché ti dicesse quello che il tuo ego non è pronto a riconoscere in sé.

Tu puro Amore, un unico Amore che esiste anche come moltitudine di individualità, sperimenti anche l'illusione dell'esistere come entità separata. Sposta l'attenzione dall'illusione della separazione alla Realtà e porrai fine alla sofferenza, che non è mai esistita. E gli altri smetteranno di soffrire con te, perché quelli che vedevi soffrire erano la proiezione all'esterno dei tuoi pensieri di sofferenza.

Nella tua avventura nel mondo tridimensionale ti risulta più facile relazionarti con alcuni piuttosto che con altri. Con alcune persone ti leghi in relazione molto forti di amicizia, affettive, parentela. Questi individui sono speciali per te.

La relazione speciale assolve la funzione delle rotelle di cui ho già scritto. Vi è un unico Figlio che si esprime in molteplici individui: ogni persona che incontri è lo stesso Figlio, sei sempre Tu. Preferire un Tu ad un altro Tu significa che preferisci una parte di te ad un'altra, significa che stai giudicando una parte di te meno interessante di un'altra, che non stai amando incondizionatamente. Amare incondizionatamente significa che ami non perché hai bisogno di essere ricambiato, non perché non sopporti di vedere altri soffrire, ma perché è l'unica cosa che puoi fare.

Ma ti sei perso nella terza dimensione e la vita a volte pare molto complicata. Ecco le relazioni speciali, qualcuno su cui puoi contare, una spalla a cui appoggiarti, amici leali, un fratello davanti a cui puoi permetterti di metterti a nudo sapendo che non ti giudicherà e saprà amarti per quello che sei, una persona con cui stringere una relazione affettiva che ti nutre e ti permette di sperimentare il donarti.

Per la chiesa il matrimonio è un sacramento, ovvero una via di salvezza. Ormai sappiamo che sei già salvo, non sei mai stato in pericolo, ma la parte di te che non si riconosce già a casa pensa di aver bisogno di una mappa. La relazione speciale è una mappa: ti da l'opportunità di non pensare: *"Io,io, mio, mio"*, bensì noi. Ti da gioia ciò che da gioia non solo a te, bensì a voi. E' un primo passo verso il superamento della separazione: non più uno, ma una coppia formata da due, da due uno. Poi forse la coppia si apre a figli, parenti, amici,:la casa non è tua, ne di voi due, bensì vostra. Il tuo mondo non sei più solo tu, bensì siete voi. Un altro passo verso l'Unità.

Come ogni rotella anche la relazione speciale ha un limite. È molto utile per uscire dal tuo isolamento e farti fare pratica di allargamento dei tuoi confini; diviene un impedimento se la relazione speciale rappresenta lei stessa un confine: chi è dentro è benvenuto, chi è fuori resti fuori. Penso sia per questo motivo che ai sacerdoti è interdetto il matrimonio: affinché tengano sempre viva la tensione verso l'Amore universale, passo successivo all'Amore nella relazione speciale.

La fedeltà è elemento fondante della relazione speciale, ti costringe a restare nel confronto, ad affrontare le fatiche, permettendoti così di metterti sempre più a nudo e liberare una quota sempre maggiore della tua Essenza. Quando non trovi più nulla di stimolante nel tuo partner, questo è un chiaro segnale che non ti basta più quello che esprimi di te stesso: è giunto il momento di donare al mondo una parte maggiore di chi Tu sei Il tuo partner ti pare noioso non perché lui non ti basta più, bensì poiché tu non ti basti più: sai di meritare di più, ma il più che cerchi non lo troverai in un nuovo partner, bensì dentro di te.

Dalla morte all'Ascensione

Che cose strane sto facendo in questo libro. Per esempio usare parole per scrivere di cose che non esistono, come la morte. Ma, anche se non esiste, tu ci credi ed allora va bene parlarne. Tu sei un illimitato Punto di Luce, generato prima dell'inizio del tempo e che sempre sarà, anche quando il tempo non sarà più. In effetti il tempo non esiste nella Realtà, abbiamo visto che il tempo è legato allo spazio e che lo spazio è frutto della separazione che non è mai avvenuta. Ma tu vivi come se la separazione avesse invece avuto luogo e ti identifichi con un corpo fragile e caduco, che, speri tardi, si consumerà e smetterà di funzionare, ponendo fine alla tua esistenza. Pensi separazione, sperimenti morte. Non sperimenti la morte perché il tuo corpo è caduco, il tuo corpo è caduco perché vivi pensieri di separazione e di morte. Appena accetti la verità di ciò che sei, smetti di alimentare pensieri di morte e splendi della Luce che sei.

Il corpo che usi per muoverti in questa dimensione si adegua al tuo nuovo pensiero ed esprime la tua realtà, non separazione e morte, bensì libertà, infinito, espansione, gioia. Il tuo corpo non è una gabbia per lo spirito, è lo strumento attraverso cui esprimi in questa dimensione il tuo pensiero. Se pensi libertà, il tuo corpo esprime libertà. Se pensi pienezza, il tuo corpo esprime pienezza. Se ti pensi corpo, ovvero separazione, sperimenti l'illusione della morte, se ti pensi Infinito, sperimenti Infinito ed il corpo che utilizzi esprime Infinito.

Non sei nato per morire. La morte non fa parte del pensiero di Dio. La morte è un errore del tuo pensiero. Correggi il pensiero e la morte sparisce nel nulla da cui non è mai uscita.

Mi pare di sentire la tua obiezione: facile a scriversi, ma come faccio a correggere il mio pensiero? Respira: cosa scegli? Espansione o chiusura?

Anche ascensione è una parola un poco strana. Ascendere implica lo spostarsi da quaggiù a lassù, ma nella Realtà di chi Tu sei non esiste su o giù, bensì solo l'esistere. Nella perfezione che Tu sei non c'è bisogno di ascendere: Tu sei già tutto ciò che vuoi essere. Dal momento che però una parte del tuo pensiero si illude di essere separata, essa sperimenta il limite, il passare del tempo, il decadimento, la morte. A questa parte del tuo pensiero ha senso parlare di ascensione. Non perché non sia già nella gioia, ma perché lo ha dimenticato.

Se, per comodità, immaginiamo la Luce in alto e il dubbio in basso, ascendere richiama l'elevarsi dal dubbio alla Luce. A me piace vedere l'ascensione al contrario, il portare la Luce nel dubbio, incarnare lo spirito: "E Dio si fece carne". La tua ascensione è il trionfo della tua incarnazione. Tu, Luce Infinita, ti immergi completamente nella carne tanto da trasformarla, la impregni della tua onnipotenza rendendola illimitata come Tu sei. In Realtà la materia è sempre stata illimitata, perché nulla esiste che non rispecchi le caratteristiche del suo Creatore; ma, essendo il livello più denso di manifestazione, per essa è meno facile ricordare di essere Figlia dell'Infinito. Ascenderai quando riconoscerai di essere il Figlio unigenito e lo accetterai con tutto te stesso, anche nelle cellule del tuo corpo. Allora Dio si sarà nuovamente fatto carne ed il tuo corpo esprimerà la libertà che Tu sei. Anche nella tua espressione corporea non avrai più bisogno di sperimentare l'illusione della morte.

Tu sei un essere multidimensionale, ovvero esisti contemporaneamente in molte dimensioni diverse. Sei essere umano in un corpo fisico, sei essere spirituale in una dimensione di maggiore comprensione, sei una entità collettiva, consapevole di esprimersi con molte forme individuali diverse, sei l'insieme di tutte le creature, corporee e non, sei l'unico Figlio di Dio. Ascendere significa prendere ciò che Tu sei in una dimensione e fonderla con ciò che Tu sei nella dimensione superiore.

Ti è stato detto che devi morire per risorgere in Paradiso. Falso, in una dimensione del tuo esistere, Tu sei già in Paradiso. Espanditi in quanto essere umano incarnato e permetti a ciò che sei nella dimensione in cui vivi in Paradiso di esservi ricevuta. Perché questo accada devi elevare il livello di energia del tuo corpo, delle tue emozioni, dei tuoi pensieri così che siano sufficientemente aperti da accogliere lo splendore di ciò che Tu sei nella dimensione superiore del tuo esistere.

Cominci così a pensare come un essere di Luce, a comportarti come un essere di Luce, a percepire come un essere di Luce, a brillare come un essere di Luce. Finché un giorno le persone intorno a te non riusciranno più a vederti. Non sei morto, sei asceso: hai elevato anche il tuo corpo fisico alla frequenza di energia della dimensione superiore e sei ora invisibile a chi è rimasto nella dimensione precedente. Sei ora libero di spostarti con la libertà dello spirito portando con te il corpo, che non è più un corpo pesante di materia, bensì un corpo di Luce. Ricorda, non c'è differenza sostanziale tra energia e materia, la materia è solo energia più densa. Hai elevato la frequenza energetica del tuo corpo ed esso è ora un corpo di Luce.

Sei comunque libero di muoverti in entrambe le dimensioni, ma per essere visibile a chi è rimasto nella dimensione della materia devi diminuire l'energia del tuo corpo così da renderlo sufficientemente denso per poter essere percepito da occhi di carne. Sei ora libero di fare esperienze in entrambe le dimensioni e di procedere verso l'ascensione al livello dimensionale successivo.

L'ascensione non è una via di fuga dalla morte. Finché hai paura di morire, tu stai morendo: ritieni la morte reale e ne sei quindi vittima. Puoi ascendere solo quando non ti identifichi più con un corpo perché sai con certezza di essere qualcosa di molto più grande di esso, quando sai con certezza che il tuo esistere non dipende dall'avere uno, che l'esperienza in un corpo costituisce solo una piccola pare di ciò che Tu sei. Puoi ascendere solo quando non avrai più paura della morte: saprai che la morte non esiste e quindi non morirai.

La Tecnica (continua)

Siedi, se preferisci su una sedia tieni i piedi son ben piantati a terra, sii consapevole del pavimento sotto le piante dei piedi. Allineati, visualizza la linea di Luce che attraversa il tuo corpo dall'alto in basso, entrando dalla sommità del capo ed uscendo dalla base del tronco, tra gli sfinteri. Sei ponte tra cielo e terra, fra spirito e materia. Inspiri, assorbi Luce dalla corrente verticale che ti attraversa, espiri e lasci che questa Luce ti riempia e si irradi tutto attorno a te. Inspiri, la Luce che ti attraversa risveglia la Luce dormiente nelle tue cellule: anch'esse Luce, anche se talvolta non lo ricordano.

Tutto il tuo corpo comincia a vibrare per la Luce che è e che irradia. Inspira: mentre riempi i polmoni d'aria, immagina, percepisci, come cresce il tuo identificarti con la Luce che sei, ti riconosci sempre meno nel corpo che indossi e sempre più in questa forza dolce che freme di potenzialità. Mentre espiri stringi un po' il retro della gola, come a voler frenare l'uscita dell'aria, come quando fai uno sforzo. Mentre espiri così, immagina che stai forzando l'irradiarsi della Luce che sei attraverso i pori della pelle. Forzare il tuo irradiarti significa esprimere la precisa scelta di farlo, vuoi essere Luce per il mondo. Puoi offrire la Luce che sei a situazioni o persone che ti stanno a cuore, o puoi semplicemente splendere. La Luce che liberi raggiungerà chi sarà pronto a riceverla.

Non splendi però perché altri ricevano, splendi perché sei Luce, se la Luce non illumina si spegne. Splendi perché Tu sei splendore, manifestazione, esistenza. Splendi perché, nella tua infinita libertà, non puoi fare altro. Ogni malattia, compreso l'invecchiamento, ogni difficoltà nella vita, sono dovute al negare alla Luce che sei di splendere nella sua pienezza.

Immagina, percepisci, che mentre, in quanto Luce, attraversi le cellule ed i tessuti del corpo che indossi, sciogli tutto ciò che ostacola il tuo fluire: se percepisci tensioni nel corpo, o dolori, o pensieri ed emozioni che vorrebbero frenare il tuo risplendere, sciogli le. La luce sempre sostituisce il buio, il buio non può prendere il posto della Luce, perché il buio non esiste. L'Amore riesce sempre a sciogliere la paura, come il calore riesce sempre a sciogliere la neve. Immaginati, percepisciti, mentre scorri attraverso i tessuti del tuo corpo e liberi tutto ciò che non ti serve più: dolori, antichi risentimenti, vecchie paure, superati schemi di pensiero. Decidi scientemente che, mentre scorri, liberi tutto ciò che cerca di limitare la gioiosa espressione della tua bellezza. Che questi ostacoli finalmente si sciolgano e la bellezza che Tu sei, congelata in essi, sia nuovamente libera di splendere accrescendo il tuo splendore.

Non esiste negatività in te, tutto è Luce: solo Dio esiste. Una paura non è altro che desiderio di vivere in pienezza a cui non è permesso di farlo. La rabbia non è altro che desiderio struggente di diffondere Amore a cui non viene permesso. Fallo, e la rabbia sparirà. La malattia non è altro che lo splendore che tu sei a cui non viene permesso di essere e che si accartoccia su sé stesso spegnendosi. Splendi e la malattia si scioglie: la neve si scioglie sempre se posta vicino al calore. Mi pare di sentire i tuoi pensieri: ma come faccio a splendere se soffro? Respira: espansione o chiusura?

Se il dolore persiste, parla con lui. Ancora: non esiste il male. Anche la malattia ed il dolore sono forme di amore: amore distorto, ma pur sempre amore. Se ogni volta che stai per iniziare una nuova relazione affettiva la paura ti blocca, questa paura non è il male: nel suo tentativo di prendersi cura di te vuole evitarti di soffrire ancora nel caso in cui la nuova relazione non dovesse funzionare. Quella paura cerca di proteggerti dal soffrire. Solo non sa che la sofferenza non viene dall'essere lasciati, bensì dal non amare. Quando una relazione finisce non si soffre perché non si riceve più amore, ma perché il risentimento, lo scoraggiamento, portano a chiudere il cuore. E' l'interrompere il fluire del tuo amore che ti fa soffrire. La paura, pensando di proteggere, in realtà crea più sofferenza.

Lo stesso accade per il dolore fisico, la malattia. Un tumore non è il male, è la nostra bellezza che non riesce ad esprimersi e si accartoccia su sé stessa, fino a non riuscire più a splendere e muore. Parla con il dolore, abbraccialo, coccolalo e lascia che ti parli: ti dirà parole di rabbia e di dolore, ma se resterai con lui ti rivelerà la tua magnificenza in esso celata e la tua vita sarà più radiosa. In te non ci saranno più parti contrapposte, una che vuole vivere ed una che vuole morire, ma le energie si uniranno per portare la tua bellezza al mondo.

La vita eterna

Che strane parole. La vita è sempre e solo eterna. Vita è sinonimo di Dio e Dio è eterno. Vita è Dio in espressione, sei Tu, è tutto ciò che è stato generato. Non può accadere che quanto Dio ha generato muoia. Vita ed eternità sono indissolubilmente legate. Tu sei vivo e quindi lo sarai in eterno, anzi, quando il tempo finirà, Tu continuerai ad esistere. Tu non sei un corpo, neppure sei un'anima contenuta in un corpo. Tu sei tutto ciò che è, che fu e che sarà. Il timore che talvolta ti sfiora di sparire e di essere dimenticato è irreale: Tu sei l'esistere, non puoi sparire, non puoi finire. Non sto dicendo che sarai eterno un lontano domani, in un'altra dimensione. Tu sei eterno ora.

Ti osservo mentre leggi queste pagine e vedo la bellissima Luce che sei, immensa, immacolata, meravigliosa, possente. Quanta Pace, quanta Forza, quanta Verità irradi intorno a te. Dubiti? Respira: espanditi ed ascoltati. Senti la dolcezza di ciò che sei mentre fluisci attraverso il corpo che indossi.

Non sarai eterno forse un domani quando avrai lasciato questo mondo. Non c'è nulla in questo mondo che possa limitare ciò che sei; puoi però scegliere di ascoltare la parte del tuo pensiero che si illude che la separazione esista e immaginare di essere intrappolato in un mondo caduco. Respira: espanditi e liberati dall'illusione e con te libera il mondo.

Tu esisti in tutti i mondi e su tutti i livelli di coscienza, anzi, sei tutti i mondi e tutti i livelli di coscienza. Anche in questa dimensione, mentre sperimenti la densità del mondo fisico, sei illimitato ed eterno. Il corpo che hai manifestato per esprimerti su questo piano rispecchia il tuo pensiero. Respira, espanditi: senti come il tuo corpo si fa leggero, come le cellule che lo compongono fremono di eccitazione. Non è schiavo del tempo e della morte. Puoi utilizzarlo per tutto il tempo che vuoi, portarlo con te in altri mondi ed in altre dimensioni, se lo desideri, perché Tu sei libero. Puoi farlo levitare, puoi spostarlo alla velocità del pensiero, puoi farlo passare attraverso i muri. Non esistono muri che possano limitarti, se non illusioni di muri che ti inventi e proietti nel mondo che ti crei.

Mi pare di sentire i tuoi pensieri, con una parte di essi che sentono riverberare le mie parole in te e vorrebbero credere loro ed un'altra parte di essi che cercano di proteggerti invitandoti a diffidare. Dov'è la Verità? Dove tu la metti. Respira: espansione o chiusura? Che mondo vuoi manifestare? Un mondo di limiti od un mondo di infinite possibilità e libertà? La tua decisione crea il mondo di cui farai esperienza. Scegli chiusura e sperimenterai un mondo di muri, limiti, fatica; potrai così dire che hai fatto bene a diffidare delle mie parole, che la realtà ti ha dato ragione confermando che la vita è lotta, fatica, e morte certa. Scegli espansione e sperimenterai libertà, leggerezza, amore, gioia e sarai felice di aver dato credito alla parte del tuo pensiero che fremeva di speranza e di ricordo di un antico sapere mentre leggevi le mie parole. Respira: espansione o chiusura?

Ascendere non significa che sarai Alfonso, o Maria, o Meredith per l'eternità. Non significa che dovrai lavare il pavimento della tua cucina per i secoli dei secoli. Quando sarai asceso avrai fuso la consapevolezza che hai in una dimensione superiore con il tuo esistere nella forma materiale, sarai "nel mondo e non del mondo". Saprai di essere Alfonso, ma anche chi fosti nelle tue vite precedenti, nelle vite vissute in altri mondi, nelle vite vissute in altre forme. Ti si apriranno orizzonti completamente nuovi da scoprire e godere. Nella dimensione materiale sei convinto di essere dove sei, nella dimensione superiore sai di essere ovunque. Una volta asceso Tu saprai di essere in ogni luogo anche se ti esprimi attraverso un corpo materiale. Ti pensi qui ed il tuo corpo è qui, ti pensi a Timbuktu e sei lì, con il tuo corpo materiale, se ti serve.

La tecnica (continua).

Sei seduto comodo, eretto ma non rigido, allineato con la linea di Luce che attraversa il tuo corpo e fa di esso un ponte tra cielo e terra. Inspiri ed entri in profondità dentro di te cercando la Luce che nel tuo profondo non si spegne mai, espiri e permetti alla Luce che sei di irradiarsi. Inspiri, entri ancora più nel profondo di te creando spazio affinché la Luce possa espandersi, espiri e splendi radioso ancora un po' di più. Inspiri e fai ancora più spazio, rilassi le contrazioni, gli sfinteri sono bene aperti, il torace aperto, lo stomaco rilassato; espiri e splendi donando Pace, guarigione, abbondanza.

Ricorda di stringere un poco la gola, portando indietro la radice della lingua, come fai quando sei sotto sforzo. Forza un po' l'uscire dell'aria ed immagina, percepisci, come, mentre l'aria esce dal naso, la Luce e l'Amore che tu sei escono dai pori della pelle. Prosegui e godi del tuo fluire e splendere, senti come aumenta il livello di energia nel corpo che vibra di vita.

Utilizza la parole per sostenere la tua scelta di espansione. Le parole sono estremamente potenti: non puoi pronunciare una parola senza che lei non crei qualcosa nel tuo mondo. Sii accorto dunque nell'uso delle parole. Inspira e, appena prima di espirare, pronuncia queste parole: "Io sono Luce", oppure "Io sono abbondanza", oppure " Io sono felicità". Scegli tu le parole che più risuonano in te, puoi anche sceglierne di diverse da quelle suggerite, è importante che esprimano quello che Tu sai di essere. Puoi pronunciarle a voce alta o mentalmente, come preferisci. Mentre espiri, lascia che il tuo essere Luce (o ciò che hai deciso) si irradi dal tuo corpo. Fai dono al mondo di te. Puoi anche sottolineare il tuo donarti dicendo: "Ecco la Luce" e ti offri splendendo. La gioia viene dal donare, non dal ricevere. Non hai bisogno di doni, Tu sei il dono. Non hai bisogno di amore, Tu sei l'Amore. Non hai bisogni, ami perché l'Amore ama, illumini perché la Luce illumina.

Fai attenzione alle parole che scegli. Dio disse: Terra, e la Terra fu. Questo è il potere delle tue parole. Se dici: *"Io cerco di amare"* sarai una persona che costantemente cercherà di amare senza mai riuscirci. Di invece: *"Io amo"* e senti la differenza. Mi pare di sentire obiezioni: *"Come faccio a dire che amo quando tante volte non ci riesco, mentirei"*. Dicendo *"Io amo"* fai una scelta: decidi cosa vuoi esprimere. Affermando che ami, tutti i tuoi corpi, quello fisico, quello emotivo, quello mentale e via dicendo, si attivano per permetterti di esteriorizzare il tuo essere Amore e ti accorgerai che amare ti riuscirà sempre più spontaneo.

Ricorda che sei un essere multidimensionale, sei contemporaneamente un individuo che cerca di amare ed a volte non ci riesce, sei un individuo che ama incondizionatamente, sei l'essenza stessa dell'Amore. Sta a te decidere quale delle tue dimensioni vuoi incarnare: vuoi essere uno che vuole amare, uno che ama, o l'Amore?

Non usare il condizionale: *"Io vorrei amare"*. Il condizionale presuppone che, affinché tu possa amare, venga soddisfatta una condizione: amerei se fossi buono, amerei se gli altri mi amassero, amerei se avessi avuto un'infanzia migliore, se Anna non mi avesse lasciato, ... Nessuno ha potere su di te, non esistono vittime. Tutto ciò che ti accade è una tua scelta. Ami se decidi di farlo, non ci sono scuse, sei Tu che comandi. Se vuoi amare, ama; se vuoi trovare scuse, trova scuse. Respira: espansione o chiusura?

Qualcuno soffre

Se vicino a te qualcuno soffre, respira e scegli: espansione o chiusura? Chiusura significa che entri con lei nella sua illusione di dolore ed il suo dolore diviene il tuo e da un sofferente ora ce ne sono due. Espansione significa che resti allineato, entri in contatto con la Luce che sei e cominci a splendere. Porti un elemento nuovo nell'incubo della persona che soffre. Il tuo splendere le sta dicendo che il suo dolore non è la realtà, che la Realtà è la Luce e la Pace che Tu stai testimoniando. Non hai bisogno di dire o fare, è sufficiente che Tu sia. La Verità si fa strada da sola, anche perché è l'unica cosa che esiste. La menzogna non esiste, perché si basa sul presupposto che sia avvenuta la separazione, che non è avvenuta e mai potrà avvenire. Esiste come illusione nella parte del pensiero che si inganna pensando che la separazione abbia avuto luogo.

La persona che soffre vicino a te, nella Realtà splende gioiosa, nel suo incubo si confronta col dolore. Ama quella persona, amala intensamente, chiunque ella sia: lei è la parte di te che ancora si inganna pensando che la separazione abbia avuto luogo. Lei è la parte di te angosciata dal non comprendere il perché del proprio dolore, spaventata dal vedere lo spettro della morte farsi prossimo, angustiata dalla fatica. Respira ed amati. Inonda di tenerezza e di amore questa parte confusa di te. Tu sai che non corre alcun pericolo, perché non esistono pericoli, solo Dio esiste, ma sai anche che a lei i pericoli appaiono reali e la paura fa male. Amala, così da dare conforto alla parte di te che ancora vive nell'illusione. Amala di un amore tenero e caldo così da darle l'opportunità, se lo vorrà, di ricordare che quel calore esiste.

Ritieni che qualcuno abbia sbagliato. Perdonalo, perdonalo subito, non attendere domani, non sprecare un solo minuto, perdonalo subito, perdonalo completamente, perdonalo ora. Mentre ti imploro di perdonarlo, so che sto scrivendo un'assurdità. Non si può perdonare perché la colpa non esiste. Solo l'Amore esiste e l'Amore non commette errori. Quindi è assurdo pensare di perdonare qualcuno quando l'unica cosa che può fare è amare. Questo nella Realtà, dove solo il Figlio esiste e dove il Figlio ama sé stesso in tutte le forme che assume. Nel mondo illusorio nato dal credere nella separazione puoi illuderti di vederti, o vedere qualcuno, fare del male. Dove esiste l'illusione dell'errore, ben venga l'illusione del perdono. Non per il bene di chi pensi stia errando, bensì per il bene tuo.

Chi paga con la propria sofferenza per la colpa di cui accusa è colui che accusa. Il risentimento, il condannare, ti fa contrarre, ti chiude in una gabbia di pensieri cupi di vendetta, castigo, male, punizione, e smetti di vivere, di espanderti, di splendere e lentamente ti consumi e ti spegni. Ed è giusto così perché quando accusi qualcuno, stai proiettando su quella persona le colpe che inconsciamente vedi in te. Condannando lei condanni te stesso e soffri per le pene che affliggeresti al presunto colpevole. Perdona quindi tutti, sempre, subito. Non essere tanto duro nei tuoi confronti.

Io ti vedo: sei una bellissima persona, sei quanto di più prezioso ci sia nell'universo. Smetti di condannarti e splendi, vedrai che non troverai più peccatori sul tuo cammino. Respira: espansione o chiusura? Assolvendo te, redimi il mondo. Assolvendo te, liberi gli altri dal dover essere gli specchi su cui proietti i tuoi pensieri di colpa, separazione, castigo. Mentre finalmente apri per te le porte della Pace, le apri per tutti gli altri sé separati che condividono il tuo sogno di separazione.

Il tempo è il contenitore creato perché il pensiero separato del Figlio possa riconoscere che la separazione non è mai avvenuta. Quando tutte le individualità che compongono l'unico Figlio, la Figliolanza, riconosceranno di non essersi mai staccate dal Padre, avrà fine l'illusione del tempo e vivrai come non hai mai smesso di vivere, splendendo nell'Unità, al di là del tempo e dello spazio.

Potrai tornare a casa solo insieme a tutti gli altri Tu attraverso cui ti esprimi torneranno a casa. Non puoi salvarti da solo, perché non sei solo, sei tutti. Non puoi tornare a casa lasciando nel mondo illusorio del peccato un altro te. Finché giudichi qualcuno colpevole e indegno del Paradiso, stai condannando te stesso a starne fuori. Stai dicendo che la colpa è possibile e se pensi sia possibile è perché la vedi in te ed inevitabilmente non ti permetterai di varcare le porte del Paradiso. Smetti di farti male: perdona subito, perdona tutti, perdona ora. Respira: espansione o chiusura?

Ho scritto che perdonando gli altri perdoni te stesso. Questo è vero in almeno due forme: ricorda, sei un essere multidimensionale. Chi metterebbe gli omosessuali al rogo lo farebbe perché è talmente terrorizzato dalla sotterranea pulsione omosessuale che velatamente percepisce in sé che spera di distruggerla annientando l'omosessualità incarnata dalla persona che ha di fronte. Perdonare l'omosessuale non ha nulla a che fare con lui, egli non ha comunque colpe, è il Figlio di Dio, pura Luce immacolata; perdonarlo significa far pace con sé, accettare che qualsiasi pulsione interiore va bene, che nulla può sporcarti, che non va temuto il giudizio degli altri. Essere in pace con l'omosessualità, o con qualunque cosa ti disturbi, significa essere in pace con te e, soprattutto, con Dio. Se pensi che l'omosessualità sia sbagliata, allora pensi anche che Dio abbia creato qualcosa di non perfetto. Giudichi una persona colpevole perché in essa vedi la colpa di cui ti accusi, lei è il tuo specchio. Amala e la tua vita si riempirà di Amore.

Un'altra forma per cui perdonando gli altri perdoni te stesso è ancor più letterale. Lo ho già scritto, ma è molto importante comprendere questo concetto. Quando scrivo che il peccatore che condanni sei Tu, intendo proprio questo. C'è un unico Figlio, Tu, che si esprime attraverso molteplici individualità: una di queste è il tu con cui ti identifichi, un'altra è la persona che condanni. Nella dimensione della separazione tu sei tu e lui è lui, ma in una dimensione superiore siete la medesima entità collettiva che si esprime attraverso diverse singolarità: accusando l'altro stai effettivamente accusando te stesso. Ti stai dicendo che sei sbagliato, che sei inadeguato, che sei imperfetto. Accusando una parte di te stai accusando te, ti stai tenendo lontano dalle porte del Paradiso. Non perché chi sta a guardia di queste porte non ti lascia entrare: le porte neppure ci sono. Sei tu che, ritenendo indegna una parte di te, non ti permetti di entrare.

Perdona allora subito, perdona tutti, perdona tutto, perdona ora.

Il perdono ha anche il potere di stravolgere l'apparente linearità del tempo. Le costellazioni familiari ci mostrano con grande evidenza come le situazioni irrisolte degli antenati si ripercuotono sulle vite dei discendenti per molte generazioni, anche se questi ultimi non sono neppure consapevoli di cosa accadde. Sei un essere multidimensionale e, mentre vivi la tua quotidianità, in un'altra dimensione vivi come essere collettivo che raccoglie i membri della tua famiglia, da generazioni; quindi Tu partecipi a tutto il vissuto di ogni componente della tua famiglia, presente, passato e futuro.

Questo vale per la tua famiglia come vale per la famiglia umana nel suo insieme: Tu partecipi delle esperienze di ogni uomo vissuto su questo pianeta, vivente su questo pianeta, che vivrà su questo pianeta. Se in una dimensione hai accesso alla coscienza collettiva del tuo gruppo familiare, in un'altra dimensione partecipi alla coscienza collettiva di tutto il genere umano. "Homo sum, humani nihil a me alienum puto": "Sono un essere umano e nulla di ciò che è umano mi è estraneo", scrisse Terenzio secoli fa.

Gli uomini della nostra cultura hanno considerato per generazioni e generazioni la Natura come se fosse inanimata ed a a disposizione per essere usata e consumata, senza valore intrinseco, ma interessante solo in funzione del beneficio che può fornire all'uomo. Cresce ora la consapevolezza che essa ha valore di per sé e che va onorata e rispettata perché esiste e non perché ci serve.

Se fai pace con la Natura e la onori come manifestazione di Dio, sani tutti i pensieri di sfruttamento che hanno albergato in te sino ad ora e, contemporaneamente, sani tutte le fratture che chi è vissuto prima di te ha posto nel suo rapporto con la Natura. E' come se la Pace che tu realizzi oggi sanasse le conseguenze degli errori del passato. Tu sei influenzato dalla coscienza collettiva, ma Tu, a tua volta, influenzi la coscienza collettiva. Il tuo perdono di oggi sana le incomprensioni di ieri; cambiano le conseguenze di quei comportamenti. La Pace di oggi sana le ferite di ieri.

Lo schiavismo è una pratica atroce, ma in passato era considerato normale, voluto da Dio, indispensabile al sostentamento del sistema economico. Generazioni di esseri umani sono vissute nel disprezzo dato o ricevuto. Se giudichi gli schiavisti cattivi e gli schiavi vittime perpetui in te lo schiavismo. Lo perpetui perché soffri ancora per l'umiliazione subita e per il senso di colpa di chi ha sfruttato; se hai una reazione emotiva è perché la ferita è ancora aperta. Se è ancora aperta la schiavitù è ancora una realtà per te e se per te è vera, essa esiste.

Se onori gli schiavisti e gli schiavi per l'esperienza vissuta insieme che ha portato l'umanità di oggi a ripudiare la schiavitù (almeno formalmente), fai pace col passato tuo e di tutta l'umanità. Questo cambia gli effetti di quanto è accaduto sulla vita dell'umanità. Sarà più facile agli esseri umani guardarsi allo specchio senza sentirsi in colpa, camminare per strada senza sentirsi in pericolo. Ancora più in profondità, la Pace che porti nel tuo presente perdonando quanto accaduto secoli fa dona Pace a quanti vissero quelle esperienze allora, perché loro sono ancora lì, le stanno vivendo ora. Ricorda: il tempo non esiste fuori da questa dimensione.

Tra lo schiavista e lo schiavo, chi soffre di più è lo schiavista. Siamo esseri multidimensionali: non riconoscendo dignità in un altro essere umano, egli non riconosce dignità ad una parte di sé. Non puoi conoscere la Pace se disprezzi una parte di te.

La malattia

Mi rendo conto che continuo a fare cose strane, tipo scrivere di cose che non esistono. Dio non ha creato la malattia, quindi la malattia non esiste. Ma la parte del tuo pensiero che crede nella separazione crea l'illusione della malattia. Per il tuo ego la malattia pare una realtà, quindi egli immagina di esserne vittima.

Non scrivo per convincere il tuo ego. Il tuo ego non esiste, è frutto dell'illusione della separazione che non è mai avvenuta. Scrivo per ricordarti chi sei: Eterno potere senza limiti. C'è un unico Figlio che si esprime in molteplici forme, c'è un'unica malattia che si esprime in molteplici forme: malattia del corpo, malattia del pensiero, malattia delle emozioni, invecchiamento, povertà, difficoltà nelle relazioni, aggressioni subite, incidenti, rabbia, paura. Sono tutte forme diverse della stessa malattia e per tutte c'è lo stesso rimedio. Non ci sono forme di malattia più gravi di altre, un raffreddore non è meno grave dell'amputazione di una gamba, un tamponamento in auto non è meno grave di un infarto che ferma definitivamente il tuo cuore. Non ci sono diversità di malattia perché la malattia è una sola: credere nella separazione.

Tutti coloro che vivono in questa dimensione, e che non sono ancora ascesi, condividono la stessa illusione di malattia. Una sola la malattia, una sola la cura: ricordare che Tu sei la Luce. Respira: espansione o contrazione?

Mentre pensi di trovati ancora nel mondo dell'illusione, va bene rispondere all'illusione di un mal si denti con l'illusione di un analgesico (come se possa esserci qualcosa fuori di te che ha potere su di te, il Figlio di Dio, assurdo), sappi però che stai rispondendo a qualcosa che non esiste con qualcosa che non esiste. Va bene finché credi che esistano. La vera cura è però tornare alla Realtà. Respira: espansione o contrazione?

L'unica malattia è quindi l'illusione di separazione che, in quanto illusione, esiste solo nell'incubo immaginato dal tuo ego. Dalla separazione si ramificano una miriade di distorsioni della Realtà. Se sei separato dalla Fonte, non ricevi quanto ti occorre per vivere, quindi devi faticare per procurartelo, magari togliendolo agli altri; comunque non c'è né per tutti, meglio muoiano loro di stenti piuttosto che tu. Se sei separato, lo sono anche gli altri, tanti individui soli, che aspettano solo l'occasione per toglierti ciò che è tuo. Devi guardarti le spalle, il mondo è pieno di pericoli.

Se sei separato hai abbandonato tuo Padre, hai voltato le spalle al suo Amore, hai pensato, in un istante di arroganza, di poter esistere senza di Lui, è come se gli avessi detto: *"Tu per me non sei nulla, faccio da solo. Io sono il mio Dio"*. La cosa buffa è che è vero che sei Dio, ma non puoi vivere il tuo essere Dio se ti separi da qualcosa. Dio è Unità. Ma nel tuo pensiero che per un istante ha delirato di separazione tu hai umiliato ed ucciso Dio. Ora vivi nell'attesa del castigo che l'ego considera inevitabile. Prima o poi sicuramente entreranno i ladri in casa tua, perché non meriti ciò che hai, tu che hai rinnegato Dio. Sicuramente prima o poi verrai investito per strada, perché la punizione di Dio è lì che aspetta il momento migliore per colpire senza pietà, come è giusto che sia, vista la gravità della tua colpa. Intanto, mentre aspetti che la scure del castigo cada su di te, sei logorato dalla colpa, ti fai del male nella speranza di attenuare il castigo: *"Guarda, oh Dio, quanto soffro, abbi pietà del mio dolore, attenua la tua giusta punizione"*.

Di tutto questo Dio non sa nulla, perché lui continua a vederti solo come Tu esisti nella Realtà: il suo Figlio prediletto radioso nella propria purezza. Non si cura dei tuoi sensi di colpa, delle tue sofferenze, esse non sono reali, non può vederle, esistono solo nella tua immaginazione, dove pensi tu possa esserti separato da Dio. È inutile chiedere a Dio di guarirti da una malattia, Lui non sa cosa sia una malattia, Lui non la ha creata. Chiedi di guarirla a chi la ha creata, a te. Respira: espansione o chiusura?

Pregare aiuta non perché Dio intervenga a correggere errori: Lui non fa errori, quindi non ci sono errori. Pregare aiuta perché esprime un dubbio che si insinua nella tua illusione di colpa: *"Sarò anche peccatore, ma posso rivolgermi ancora al Padre. La mia colpa non è più grande del suo Amore"*. Pregare aiuta perché afferma che credi nella superiorità della Luce sulle tenebre, del perdono sulla colpa. Pregare è un limite nella misura in cui ritieni che il male sia in te ed il bene lassù. Il Bene sei Tu, il male non esiste. Grazie di esistere.

Non esiste il male, poiché solo Dio esiste. La malattia non è male e neppure bene, semplicemente non esiste. Anche nel tuo incubo, in cui credi che la malattia possa esistere, essa non è cattiva. Nulla complotta contro di te, tutto opera in tuo aiuto.

Se pensi che i ricchi sono ladri perché non ce n'è per tutti e chi prende troppo toglie a coloro a cui non resta nulla, farai in modo di vivere sempre nella ristrettezza economica. Non perché per te non ce ne sia, ma perché per te è talmente importante essere tra i buoni che non puoi accettare di essere ricco. Potrai prendertela col fato, ma sei tu l'artefice della tua condizione. Il tuo vivere nella ristrettezza economica pensi sia il tuo passaporto per il paradiso; un po' costoso, ma ne vale la pena. Hai bisogno di essere povero per sentirti buono.

Peccato che negandoti benessere, rinforzi nel pensiero collettivo l'illusione della mancanza; privandoti della ricchezza per non aumentare la povertà, alimenti l'illusione della mancanza, crei povertà.

Questo vale anche per la malattia: se ti ammali è perché la parte del tuo pensiero che si illude di vivere nella separazione è convinta che per te sia meglio così. Altrimenti non potresti ammalarti.

Mi pare di sentire cori di protesta: *"Non starai mica dicendo che un bambino nato deformato lo ha scelto, vero?"*

Si, sto dicendo proprio questo. D'altronde quali sono le alternative? Una è che *"Non cade foglia che Dio non voglia"*, tutto è deciso da Dio e se il bimbo è malformato, se una persona ha un infarto o un incidente, è perché Dio lo vuole. Resta da capire perché Egli mandi disgrazie a qualcuno e grazie ad altri. Non è la mia Verità.

Un'altra possibilità è che la vita sia casuale: se il bimbo è malformato è dovuto al caso, non c'è nessun senso ne apparente ne profondo, è solo stato sfortunato. Sarà meglio comprare un corno portafortuna. Non è la mia Verità.

La malattia è un dono. Ti indica quali sono gli aspetti di te che ancora non ti riconoscono come il Figlio, così che Tu possa dialogare con loro, abbracciarli e liberarli dai loro dubbi. Tutti coloro che vivono in questa dimensione si sono scordati della propria onnipotenza e trascorrono le giornate immersi nell'illusione dei propri limiti. Il loro vivere è un compromesso tra quanto si sentono di mostrare della propria Bellezza e quanto ritengono sia meglio tenerla celata. Col tempo però la tua Bellezza celata preme sempre più forte per essere espressa e compare la malattia, o l'incidente, o la sventura, che ti costringono a rivedere le tue scelte: non ce la fai più a vivere senza esercitare il tuo Potere. O lo esprimi, o soffri. La malattia è la tua maestra.

Mangiare

Un'altra parola assurda. Mi pare di sentire i tuoi pensieri: *"Mangiare non è assurdo, ho bisogno di carboidrati, grassi, proteine per vivere, se non le assumo muoio in pochi giorni"*. Tu, il Figlio unigenito, non hai bisogno di nulla. Tu sei tutti i carboidrati dell'universo, Tu sei tutti i grassi dell'universo, Tu sei tutte le proteine dell'universo. Non hai bisogno di nulla: Tu sei. Che assurdità pensare che colui che ha creato tutte le cose, Tu, possa aver bisogno di qualche zucchero o vitamina per non morire.

Ancora mi pare di sentire i tuoi pensieri: *"Forse il mio essere Luce non ha bisogno di mangiare, ma il mio corpo sicuramente si"*. Il tuo essere Luce non ha bisogno di mangiare perché esiste nell'Unità. Il tuo corpo pensa di aver bisogno di mangiare perché espressione del tuo pensiero separato. Ancora una volta, nulla esiste nella separazione. Il corpo non ha una propria volontà o legge. Si comporta come tu pensi si debba comportare. Se ti riconosci infinito, il corpo che indossi esprime infinito e non ha bisogno di nulla. Se ti pensi separato, il tuo corpo esprime mancanza e fame.

La fame è tipica espressione della separazione: sei scollegato dalla fonte, quindi non ricevi nutrimento e devi procurarmelo. Aneli al tutto che sai di essere e continui a pretendere di fare tuo ciò che vedi altro da te per riempire un vuoto che non esiste, ma che percepisci.

Ogni volta che mangi, rinforzi in te stesso l'illusione di essere separato e bisognoso, di dover prendere da altro ciò di cui hai bisogno, perché a te non è dato, perché a te manca. Ogni volta che mangi riconfermi la tua fede nella mancanza piuttosto che nell'abbondanza, nel bisogno piuttosto che nella pienezza. Respira: espansione o chiusura?

Mi pare di sentire brividi di paura provenire da te che leggi. Finché hai paura di morire se non mangi, smettendo di mangiare sperimenterai l'illusione della morte. Quando la tua coscienza avrà accettato la verità del tuo essere pienezza, saprai che la morte non esiste, la fame non esiste, il bisogno non esiste ed il tuo corpo si conformerà al tuo pensiero. Non cibarti non sarà allora una forzatura, bensì un dato di fatto, come un bambino che smette di gattonare quando apprende a camminare eretto, senza rimpianti, lieto di sperimentare una nuova libertà ed orizzonti più ampi.

Forse ti domandi come poter elevare il tuo corpo ad un tale livello di libertà. I pensieri di mancanza e bisogno appesantiscono e contraggono, i pensieri di pienezza ed abbondanza elevano e vivificano. Respira: espansione o chiusura?

"Si, ma gli animali? Il leone continuerà a mangiare la gazzella". Una risata, un unico atto generativo, Dio si esprime, ecco il Figlio, Dio resosi manifesto: Tu. Un unico Figlio, uno e molteplice che si esprime come pensiero, che diviene luce, che diviene forma, che diviene materia. Nella materia, forma di espressione più densa

84

del Figlio, Egli fatica a riconoscersi Unità e si identifica con l'illusione di separazione. La parte separata di te che si esprime attraverso un corpo vive come se la separazione fosse reale, il resto della vita sul pianeta ti segue nel tuo delirio.

L'uomo, forma più raffinata della materia, ponte tra cielo e terra, accettando il perdono per sé lo accetta per tutto il creato. Tu pensi di dover mangiare per vivere, così fa allora anche il leone. Smetti di uccidere per mantenerti in vita, riconoscendo che Tu sei Vita e Pienezza, ed il leone non avrà più bisogno di cibarsi di gazzelle. Il creato partecipa al pensiero dell'uomo. Tu pensi bisogno, il creato esprime bisogno, Tu pensi pienezza, il creato esprime pienezza.

Lo sciopero della fame, l'anoressia, non sono espressione del conseguimento della libertà; esistono sul piano della separazione e dell'illusione del bisogno. Potrai vivere senza mangiare solo quando per te mangiare non avrà più nessun senso. Se usi il cibarti come arma contro di te o contro gli altri, sei nella separazione, non nella pienezza. Se non mangi per cambiare il tuo aspetto, sei nella separazione, non nella pienezza; sei nella guerra, non nella pace.

Fintantoché pensi di aver bisogno di nutrirti, desidero condividere con te alcuni pensieri. Se stai leggendo questo libro è probabile tu stia sentendo la nostalgia di una libertà, una espansione, che in qualche modo sai essere tue. Gioia è espansione, dolore è contrazione. La libertà e l'espansione che cerchi sono già tue, sono già il tuo vissuto quotidiano per la parte del tuo essere che si esprime in una dimensione superiore. La parte di te che ancora crede nella separazione può essere liberata dal proprio incubo innalzando il livello di vibrazione delle cellule del corpo che indossi, delle tue emozioni, dei tuoi pensieri.

Quando realizzerai che tuo è il potere e che nulla di esterno ha alcun effetto su di te a meno che sia tu a darglielo, potrai mangiare quello che vorrai ed esso non avrà alcuna influenza sul tuo stato; a quel punto comunque non sarai probabilmente affatto interessato al cibo. Fino a quel momento pensi di aver bisogno di nutrire il tuo corpo e, finché lo credi, è bene che tu lo faccia. L'obiettivo resta però quello di alzare il livello di energia nei tuoi corpi.

Se ingerisci il cadavere di un animale allevato senza rispetto, che ha trascorso i suoi giorni nella sofferenza, nella tristezza, nello sconforto, per poi venire ucciso nel terrore, assimilerai si proteine, sali minerali, grassi, ecc., ma anche paura, rassegnazione e dolore. Se mangi una zucchina coltivata da persone non onorate nei loro diritti, ingerisci sfruttamento, rabbia ed umiliazione. Sarà meno facile per te elevare la frequenza energetica dei tuoi pensieri, delle tue emozioni, del tuo corpo. Le cellule del tuo corpo percepiscono il dolore contenuto nel cibo che ingerisci e ne vengono contaminate, rallentando la loro vitalità: la gioia eleva, il dolore contrae. Nutriti di cibi semplici, coltivati e preparati da persone fiere e soddisfatte del loro lavoro, coltivati e preparati nel rispetto della Natura e degli uomini. Ti ciberai così di giustizia, equità, dignità e ciò eleverà il livello di energia nei tuoi corpi.

La tecnica (continua)

Sei seduto ed allineato, inspiri e ti immergi nella tua profondità facendo spazio in te, espiri e ti doni radioso. Ancora, inspiri e ti immergi nella tua profondità entrando in contatto con la Luce che splende eterna nel corpo che indossi, espiri ed illumini il mondo. Sei seduto come un re sul suo trono, non hai bisogno di chiedere il permesso per fare quello che fai. Tu sei l'autorità, Tu sei colui che decide. Sentiti fiero ed orgoglioso, hai diritto allo spazio che occupi, hai diritto all'aria che respiri. Non perché sei bravo, ma perché esisti.

Prova a ripetere queste parole: "Io sono". Sentile risuonare in profondità nel tuo corpo. Ripeti: "Io sono". Espira e brilla. Continua a respirare per un po' ampliando la quantità di Luce che irradi. Poi prova a dire : "Ecco, io sono la Luce del mondo". Queste parole ti turbano? Senti la gola contrarsi? Sono la paura ed il senso di colpa che cercano di proteggerti impedendoti di dire eresie. Mentono. Respira: espansione o chiusura? Ancora, inspira e ripeti: "Ecco, io sono la Luce del mondo" espira e splendi libero. Il mondo gioisce per la nuova Luce che splende.

Tu sei la Luce che irradi, non sei una sfera di luce, sei Luce senza confini che brilla in tutte le dimensioni. Nel mondo fisico brilli attraverso un corpo, il veicolo che hai manifestato per muoverti in questa dimensione. Il corpo non è una sostanza essenzialmente diversa, appare denso e vulnerabile, fragile e bisognoso, perché intriso di pensieri pesanti come colpa, mancanza, paura. Permetti alla Luce che sei, mentre fluisce attraverso il corpo che indossi, di pulire i tuoi corpi: quello fisico, quello che contiene le tue emozioni, quello che contiene i tuoi schemi di pensiero. Tu fluisci attraverso i corpi che indossi e ciò che è denso si risveglia, la paura torna ad essere coraggio, la rabbia torna ad essere amore, la fatica torna ad essere entusiasmo. I tuoi corpi finalmente esprimono chi sei: Libertà, Onnipotenza, Splendore, Amore incondizionato.

Pensi di essere oggetto di una ingiustizia e blocchi il tuo amare. Soffri. Non soffri perché ti hanno trattato male, soffri perché il tuo amore non fluisce più e si congestiona in te. Si accartoccia, preme sempre più forte perché vuole essere espresso, se non lo liberi muori: vivere equivale a splendere, non splendere equivale a morire. L'Amore non espresso chiuso in te preme sempre più, diviene rabbia che urla e picchia i pugni. Non vuole distruggere, reclama il tuo diritto di amare. Non c'è male in te, c'è solo Amore che chiede di potersi esprimere libero. Altre volte seppellisci talmente in profondità il tuo essere Amore che non si esprime neppure più come rabbia, ma come rinuncia e dolore languido, tristezza, malinconia. Non soffri perché il mondo non ti capisce, soffri perché sai di essere Amore, ma non ti permetti di splendere.

Permetti allora alla Luce che sei di risvegliare le energie congelate nei tuoi corpi, libera le parti del tuo Amore intrappolato in pensieri pesanti. Brilla e visualizza, percepisci, come la Luce che sei passa attraverso i tuoi corpi e prende per mano le parti della tua Luce che si sono chiuse in sé. Vedile mentre si sciolgono e si uniscono al tuo brillare rendendolo più intenso. I tuoi pensieri, le tue emozioni, il tuo corpo, esprimono fatica perché intrisi di idee di separazione e colpa. Mentre fluisci ripeti: "Ecco, io sono la Luce del mondo". Anche i tuoi pensieri, anche le tue emozioni, anche il tuo corpo sono la Luce del mondo. Invita tutti i tuoi corpi a splendere con te.

Visualizza le tue cellule, immagina di entrare nel nucleo delle cellule del corpo che indossi, visualizza il filamento del DNA al suo interno, è come il filamento di una lampadina ad incandescenza attorcigliato su sé stesso, scuro, pieno di informazioni per il 96 per cento apparentemente dormienti. Visualizza come il tuo fluire attraverso di esse risveglia il filamento di DNA che comincia a brillare di Luce propria, prima diviene meno scuro, poi comincia a rilucere timidamente, per poi brillare al punto da non riuscire più a distinguere il filamento per l'intensità della luce che irradia. Questa Luce scioglie i pensieri e le emozioni pesanti conservate nelle cellule e libera la Verità custodita in esse. I tuoi pensieri cambiano, le tue emozioni cambiano, il tuo corpo cambia: non sono più espressione di fatica e morte, bensì della sola Realtà: Amore.

Non è difficile, tutto questo dista dal tuo vissuto quotidiano la lunghezza di un respiro. Respira: espansione o chiusura? Mentre espiri immagina che stai soffiando sulle braci di un fuoco. Le braci sono i filamenti di DNA delle tue cellule che cominciano a risplendere timidamente. Soffia su di essi ed osservali crescere nel loro splendere. In ogni parte del tuo corpo, anche nella parte bassa del

tronco, anche nelle gambe, anche nella gola. Godi del tuo splendere. Ecco, il Figlio di Dio è tornato. Il mondo intero esulta osservando il tuo splendere: il tuo risveglio è la sua liberazione.

Creare

Chi ha creato il sole? Tu. Chi ha creato i pettirosso? Tu. Chi ha creato le galassie? Tu. Chi ha creato i globuli bianchi del sangue? Tu. Dio ha generato il Figlio il quale, ad immagine e somiglianza del Padre, si manifesta. Dio si manifesta nel Figlio, il Figlio si manifesta nel Creato. Tu, il Figlio, hai creato ogni cosa che esiste. Come? Esprimendoti. Hai pensato, i tuoi pensieri sono divenuti sempre più densi, da pensiero ad energia, da energia a materia. La parte del tuo pensiero che sperimenta l'esistere nella materia conserva lo stesso potere creativo.

Ho già detto che crei Tu le tue esperienze, anche se il più delle volte lo fai inconsciamente. Ora che sai di essere Tu colui che crea gli eventi della tua vita, puoi decidere scientemente che esperienze desideri fare. Come? Se pensi miseria, sperimenterai miseria; se pensi pienezza, sperimenterai pienezza. Le persone che vivono in questo piano di coscienza, incarnate in un corpo fisico, le persone come te e me, passano continuamente da un pensiero all'altro, togliendo potere a ciò che pensano. Per questo motivo ti pare talvolta che appaiano nella tua vita esperienze che non desideri e, viceversa, non si manifestano quelle che vorresti sperimentare.

La principessa desidera incontrare il principe azzurro. L'universo si attiva per mandare un giovane principe vestito di azzurro incontro alla principessa. La sera la principessa, in un momento di scoramento, pensa di non essere bella abbastanza per poter desiderare di incontrare il principe dei suoi sogni. L'universo, confuso, dirotta il principe azzurro verso una nuova meta. La principessa si tormenta domandandosi perché alla sua porta non si presenta il principe sognato e l'universo è ancora più confuso e decide di aspettare che la principessa si chiarisca le idee.

Abbiamo visto come Tu sai di essere infinito mentre il tuo ego ha bisogno, per sopravvivere, che tu pensi di essere separazione. Nella tua vita cosa sperimenterai? Limite o onnipotenza? Quanti dei tuoi pensieri, nell'arco della giornata, sono ispirati dal limite e quanti dall'onnipotenza? Decidi di ascendere, ma stipuli un'assicurazione sulla vita, per lasciare mezzi di sostentamento ai tuoi famigliari nel caso tu muoia. Così facendo invii all'universo segnali in contraddizione tra loro ed esso non sa come essere a tuo servizio. Progetti di ascendere o progetti di morire?

Il tuo potere creativo non si esprime solo nel manifestare situazioni nella tua vita. Tu hai il potere anche di manifestare oggetti. L'universo è saturo di energia che aspetta solo un comando per condensarsi in oggetto. Se pensi mela, l'universo si mette subito all'opera per dare sostanza al tuo pensiero. Il tuo pensiero funge da matrice attorno alla quale l'energia libera dell'universo si condensa, dando consistenza al tuo pensiero. Così hai creato le galassie.

Siamo talmente divisi al nostro interno che risulta molto scarsa l'energia che riusciamo a convogliare in un pensiero, quindi a volte occorrono mesi o anni prima di riuscire a vedere il nostro pensiero materializzarsi. Questa è anche una protezione. Vai in bicicletta, ti godi il paesaggio e la brezza; un pensiero fugace: *"E se uscisse improvvisamente una macchina da quel viottolo e non facessi in tempo a frenare?"* Buon per te che i tuoi pensieri non si materializzano all'istante! Man mano che cresci nella tua maestria, i tuoi pensieri divengono meno altalenanti e per l'universo è più facile concretizzarli, dal momento che la tua energia va tutta nella stessa direzione e non si disperde in una molteplicità di pensieri contrapposti.

Verrà il momento in cui stenderai la tua mano pensando ad una mela ed essa apparirà sul tuo palmo. Ricorda, non c'è dualità, spirito e materia sono la stessa cosa, solo Dio esiste. Dio si esprime nel Figlio, il Figlio si esprime nel Creato. Come? Si pensa mela ed ecco il pensiero di una mela che diviene l'immagine di una mela che diviene una mela di Luce che si condensa ulteriormente divenendo un frutto polposo. Tu, il Figlio che sperimenta l'esistere nel corpo che indossi, hai conservato lo stesso potere: puoi pensare ad una mela, visualizzarla nella tua mente ed attingere all'infinita energia potenziale che sei per condensarla attorno al tuo pensiero di mela ed essa si materializza.

Mi pare di sentire i tuoi pensieri: *"Se fosse così facile, non ci sarebbero poveri sulla terra, chi vede morire di fame il proprio figlio manifesterebbe una mela, ma non lo può fare"*. Hai ragione, non lo può fare. Non può manifestare qualcosa partendo dal pensiero di mancanza, può manifestare una mela se accetta di riconoscersi capace di avere accesso a tutta la ricchezza dell'universo, se riesce ad accettare che egli è il Figlio prediletto e che tutto l'universo è a sua disposizione. Potrà manifestare una mela quando non avrà più bisogno di una mela. Se hai bisogno di una mela, vivi nell'illusione del bisogno, della mancanza. Con quel pensiero non puoi manifestare una mela dall'universo, perché sei convinto che il tuo mondo sia soggetto alla penuria e, dal momento che pensi penuria, penuria sperimenti.

Tu puoi allungare una mano e materializzare all'istante un lingotto d'oro, ma potrai farlo solo quando l'oro per te non avrà alcun valore. Se ti serve oro per sentirti al sicuro dalla miseria o per evitarti la fatica di dover lavorare, per sentirti importante, per distinguerti dalla massa, il pensiero da cui nasce il tuo desiderio di materializzare oro è la povertà. Se pensi povertà, sperimenti povertà. Per uscire dalla povertà la via non è materializzare oro, bensì riconoscerti ricchezza. Respira: espansione o chiusura?

La tecnica (continua)

Ti allinei, i piedi ben appoggiati a terra (se non siedi a gambe incrociate), la schiena diritta, il torace bene aperto, la spalle portate indietro per dare spazio alla parte alta dei polmoni. Il capo eretto. Senti la tua regalità. Inspiri e crei ancora più spazio in te, espiri e splendi. Inspiri e ti espandi maggiormente, espiri e fai dono al mondo della Luce sei. Pronuncia mentalmente le parole: "Io sono" e senti il tuo illimitato esistere, la tua regalità. Non vi è nulla di cui hai bisogno: Tu sei. Non hai fretta di conseguire un risultato: tutto è già conseguito.

Pensa ad un oggetto che andrai a materializzare. Un oggetto per te neutro, che non vuoi manifestare perché lo desideri o perché pensi di averne bisogno; altrimenti ti poni nella dimensione della mancanza e da lì non puoi materializzare. Puoi farlo dalla dimensione della Pienezza. Se per te va bene, materializza una mela. La pensi ed ecco, lei già esiste. Esiste poiché Tu la hai pensata. Esiste come pensiero, certo, ma esiste. Dove prima non c'era nulla ora c'è il pensiero di una mela: hai creato. Il pensiero di una mela non è sostanzialmente differente da una mela. La mela è il pensiero di una mela che si è condensato. Sei seduto, allineato e splendente nella tua regalità, hai appena creato il pensiero di una mela. Osserva la mela che hai pensato: quanto è grande rispetto alla tua mano? Di che varietà è? Ha la buccia grinzosa o turgida? Sentine il profumo. Sei seduto e irradi il quieto potere di chi sa di essere l'Essere, e cominci a chiamare dall'universo la parte della tua energia che non si è individualizzata ed esiste come forma potenziale. Chiamala ed osservala mentre riempie la matrice costituita dal tuo pensiero di mela. Contempla il tuo pensiero che si fa via via più denso, acquisisce peso, consistenza. Contempla la materializzazione del tuo pensiero fino a che l'ultimo elemento di energia di cui ha bisogno per apparire nella dimensione della materia viene assorbito. Ecco la tua mela. Puoi mangiarla, non perché hai bisogno di nutrirti, ma per godere dell'esperienza. Com'è la mela che hai creato? Succosa, dolce, asprigna? Goditela.

Non mi aspetto che ogni lettore riesca a materializzare una mela al primo tentativo. Per riuscirci devi esserci con tutto te stesso, senza esitazioni. Tu hai vissuto molteplici incarnazioni durante le quali hai sperimentato la mancanza. Mentre te ne stai seduto materializzando la mela, parti del tuo pensiero ti deridono, la coscienza collettiva di cui fai parte urla che non può funzionare, che sei ridicolo. Questi pensieri disperdono il tuo intento, l'universo non sa che voce ascoltare: quella convinta che il tuo tentativo è ridicolo, quella convinta che una mela non risolverà la fame nel mondo e che persone continueranno a morire di fame, quella che teme tu stia perdendo il lume della ragione.

Ma tu ti sei seduto ed hai creato una mela, almeno il pensiero di una mela, primo passo verso la manifestazione materiale della mela. Hai posto il seme della Verità nella parte del tuo pensiero convinta che limite e mancanza siano reali. Questo tuo tentativo non resterà senza risultati. Hai aperto la porta alla possibilità. Non solo per te, ma per tutti. Come tu sei condizionato dalla coscienza collettiva, così tu influenzi la stessa. Se crei spazio nel tuo pensare alla possibilità di materializzare una mela, questo pensiero diviene condiviso subito con tutte le menti del pianeta e la materializzazione di oggetti sarà da oggi considerata meno assurda e per te sarà più facile farlo, poiché la coscienza collettiva considera questo meno improbabile. Le prime volte la tua mela può impiegare un po' di tempo a materializzarsi, a causa di quanto appena scritto, e può prendete vie strane. Magari entri in ufficio ed il tuo collega ti offre una mela, guarda caso proprio uguale a quella che hai creato nel tuo pensiero.

Va tutto bene

Se soffri è perché pensi sia la cosa migliore per te. Non potrebbe essere diversamente, niente e nessuno ha potere su di te. Ricorda che sei un essere multidimensionale: sei l'unigenito Figlio di Dio, sei un angelo, sei un maestro asceso, sei un essere umano saggio, sei un essere umano confuso, sei un albero, sei un sasso, sei tutte queste cose insieme. In alcune di queste dimensioni sei collegato alla Verità, in altre brancoli dimentico di chi sei. In ogni caso, va tutto bene. Va tutto bene perché solo il bene esiste. Respira: espansione o chiusura?

Tutta la creazione sei Tu, l'unico Figlio, che fai esperienza di te. Se ti illudi di sperimentare sofferenza, va tutto bene, ne uscirai arricchito da una nuova comprensione. Nessuno ha sofferto veramente, nessuno è morto veramente: sofferenza e morte non esistono. Va tutto bene. Tu sei tutto ciò che esiste, che è esistito e che esisterà. Tu sei passato, presente e futuro, perché Tu esisti al di là del tempo.

Il tempo è l'intervallo, il contenitore, creato per permetterti di risvegliarti dall'incubo della separazione. Ma la separazione non è mai avvenuta, quindi non c'è nessun incubo da cui risvegliarsi. Tu, l'Unigenito, tutta la Luce generata, non hai mai smesso di risplendere. Mentre la parte del tuo pensiero che crede nell'illusione della separazione viveva la nascita del pianeta, Tu splendi, mentre pensavi di dipingere una grotta, Tu splendi, mentre pensavi di morire durante la guerra dei cent'anni, Tu splendi, mentre partecipi ad una festa su Alfa Centauri, Tu splendi, mentre viaggerai su un'astronave verso Marte, Tu splendi.

Da ognuna di queste esperienze vieni arricchito. Tu, al di là del tempo e dello spazio, cresci nella conoscenza di te grazie alle emozioni che sperimenti nella Realtà e nell'immaginazione. La parte del tuo pensiero che vive come se la separazione esistesse e che tu chiami te stesso, se eleva la propria percezione e si connette col proprio sé che esiste al di là dell'illusione, entra in contatto con tutte le proprie manifestazioni nel presente, nel passato e nel futuro. In quanto Alfonso, vieni dopo tua madre e prima di tuo figlio, in quanto essere di Luce sei Alfonso, tuo madre e tuo figlio; adesso, anche se tuo figlio non è ancora nato. Tu sei Alfonso, sei il tuo vicino di casa, sei il marinaio che accompagnava Cristoforo Colombo alla scoperta dell'America, sei il cavallo montato da Cavallo Pazzo, sei l'ameba vissuta 400.000 anni fa. Tu sei tutto ciò che esiste, è esistito ed esisterà. Respira: espansione o chiusura? Va tutto bene.

Non è la tua battaglia

Non è più il tempo della lotta, è il tempo della Pace.

Non ci sono più cattivi da distruggere, ci sei solo Tu e Tu sei buono.

Non c'è più il male che che va contrastato, c'è solo Dio.

Non c'è nulla la fuori che attenta alla tua sicurezza, se ti ami sei al sicuro.

Non ci sono malattie che minano la tua salute, ci sei solo Tu col tuo inestinguibile bisogno di splendere radioso che, se non espresso, si accartoccia su sé stesso creando malattia.

Non ci sono più persone antipatiche, ci sono solo aspetti di te che aspettano ancora di essere abbracciati.

Non ci sono più colpe da punire, ci sono solo tentativi maldestri di tornare a casa percorrendo strade tortuose.

Non ci sono più colpe del passato, perdonando te liberi dalla colpa anche tutte le tue vite passate. Guarisci il presente, il passato ed il futuro.

Non ci sono più persone che ti trattano male, ci sono solo maestri che ti spronano a realizzare la pienezza che hai deciso di incarnare.

Non c'è più la solitudine, ci sei solo Tu che torni a casa insieme ai tanti altri Tu che condividono il tuo cammino.

Non c'è più nostalgia, nulla è mai andato perso.

Non c'è più rammarico, tutto è ancora lì che aspetta di essere vissuto.

Non è più il tempo della lotta, è il tempo della Pace.

Va tutto bene.

Respira: espansione o chiusura?

Caro lettore

Caro lettore, desidero accomiatarmi da te dicendoti che mi sei caro, che ti voglio bene. Mi commuove essere testimone della passione con cui percorri la strada verso casa. Continua, fallo per te, per me, per tutti. Ad ogni passo che compi, Casa è più vicina per tutti noi. Sei una bella persona.

Con affetto e stima

Tu

Indice generale

L'autore organizza momenti di ritiro per approfondire i temi trattati in questo libro.

Maggiori informazioni sulla sua pagina Facebook: Frank Metzger

www.ingramcontent.com/pod-product-compliance
Lightning Source LLC
Chambersburg PA
CBHW060418290526
45791CB00002B/798